传统武术的现代化演进与武术精神传承

刘洋 著

中国水利水电出版社
www.waterpub.com.cn
·北京·

内容提要

武术是中华民族传统文化的重要组成部分，武术精神也是优秀传统文化的代表。本书从武术的现代化演进入手，对武术精神的传承进行了深入浅出的分析，主要内容包括：武术的起源与发展、武术的历史使命、武术的文化意蕴与道德规范、传统武术项目套路研究、传统武术兵器套路研究、传统武术的现代化演进思考。

本书可供武术教学从业人员改善自身工作细节、规范自己教学行为，同时武术爱好者和学习者可以用来进行学习参考。

图书在版编目（CIP）数据

传统武术的现代化演进与武术精神传承 / 刘洋著
. -- 北京：中国水利水电出版社，2019.6（2024.8重印）
ISBN 978-7-5170-7834-0

Ⅰ．①传⋯ Ⅱ．①刘⋯ Ⅲ．①武术－传统文化－文化研究－中国 Ⅳ．①G852

中国版本图书馆CIP数据核字(2019)第148568号

策划编辑：石永峰　　责任编辑：周益丹　　封面设计：李　佳

书　　名	传统武术的现代化演进与武术精神传承 CHUANTONG WUSHU DE XIANDAIHUA YANJIN YU WUSHU JINGSHEN CHUANCHENG
作　　者	刘洋　著
出版发行	中国水利水电出版社 （北京市海淀区玉渊潭南路1号D座　100038） 网址：www.waterpub.com.cn E-mail：mchannel@263.net（万水） 　　　　sales@waterpub.com.cn 电话：(010) 68367658（营销中心）、82562819（万水）
经　　销	全国各地新华书店和相关出版物销售网点
排　　版	北京万水电子信息有限公司
印　　刷	三河市元兴印务有限公司
规　　格	170mm×240mm　16开本　12印张　205千字
版　　次	2019年6月第1版　2024年8月第3次印刷
定　　价	48.00元

凡购买我社图书，如有缺页、倒页、脱页的，本社营销中心负责调换

版权所有·侵权必究

前　　言

　　中华武术具有悠久的历史，是中华民族宝贵的文化遗产。武术产生于生存斗争的需要，当它从军旅走向民间，又成为一种社会生存的技能和手段，如游侠、剑客打拳卖艺或保镖护院等。尽管武术早就具有体育功能和健身价值，然而进入体育领域却是近代的事。在西方体育的影响下，武术成为民族体育的一种形式进入了学校、社会和竞技场。武术不仅蕴含了丰富的文化内涵，同时对培养人的良好品质和保持身心的健康都有着积极向上、不可忽视的重要作用。

　　在我们认识武术体育功能的同时，还应该认识到武术是一种宝贵的文化资源。尽管武术文化在农耕文明时代至多是一种广泛流传于民间的草根文化，但是武术的拳理、拳法及其拳规、礼仪之中无不体现着中华文化的基本精神，蕴含着朴素的哲学思想、伦理道德、养生观念和审美情趣。尤其可贵的是，武术是在以一种身体语言诠释着中华文化。

　　武术作为一种文化不仅应当传播和推广，也应当注重传承和发扬。从某种意义上讲，中华文化是一种注重血缘的绵延文化，我们的子孙后代应当传承这一文化遗产，同时应当在习练武术的过程中接受教育，弘扬民族精神。当今社会要求我们的青少年既不应骄横，也不能娇软，通过武术教育恰恰可以培养勇敢、坚忍、威武不屈的精神和宽容、礼让、和谐、文明的品格。所以说，武术也是一种重要的教育资源。把武术作为学校体育的一种教育形式，不仅可以传承优秀的民族文化，而且可以起到锻炼身体的目的，更加可以塑造学生强身健体的意识和培养学生积极向上的健康心理。传统武术是中国乃至全世界人民的宝贵财富。

　　本书共分为六章：第一章论述了武术的起源与发展；第二章论述了武术的历史使命——弘扬民族精神；第三章论述了武术的文化意蕴和道德规范；第四章论述了传统武术项目套路研究问题；第五章论述了传统武术兵器套路

研究问题；第六章对传统武术的现代化演进进行思考。

由于时间和精力的限制，本书难免存在一些疏漏之处，恳请广大读者给予指正，以便使本书不断完善！

作者

2019 年 3 月

目 录

前 言

第一章　武术的起源与发展 …………………………………………（ 1 ）
　　第一节　武术的概念及起源 ……………………………………（ 1 ）
　　第二节　武术的思想内涵 ………………………………………（ 5 ）
　　第三节　武术的分类及流派 ……………………………………（ 9 ）
　　第四节　武术的演变与展望 ……………………………………（ 12 ）

第二章　武术的历史使命——弘扬民族精神 ………………………（ 23 ）
　　第一节　弘扬民族精神的时代背景 ……………………………（ 23 ）
　　第二节　武术中所蕴含的民族精神 ……………………………（ 26 ）
　　第三节　中国武术的教育价值和历史使命 ……………………（ 30 ）

第三章　武术的文化意蕴和道德规范 ………………………………（ 35 ）
　　第一节　武术文化的内涵 ………………………………………（ 35 ）
　　第二节　武术文化的深入挖掘 …………………………………（ 46 ）
　　第三节　武术的道德教育规范 …………………………………（ 48 ）
　　第四节　武术对文化教育的推动 ………………………………（ 60 ）

第四章　传统武术项目套路研究 ……………………………………（ 69 ）
　　第一节　初级剑术 ………………………………………………（ 69 ）
　　第二节　太极拳 …………………………………………………（ 77 ）
　　第三节　五禽戏 …………………………………………………（ 88 ）
　　第四节　散打 ……………………………………………………（ 91 ）
　　第五节　南拳 ……………………………………………………（ 99 ）

第五章　传统武术兵器套路研究 ……………………………………（108）
　　第一节　剑术 ……………………………………………………（108）
　　第二节　刀术 ……………………………………………………（129）
　　第三节　棍术 ……………………………………………………（149）

第四节　枪术 …………………………………………………（160）
第六章　传统武术的现代化演进思考 …………………………（165）
　　第一节　中华武术在培育民族精神过程中的功能和价值 ……（165）
　　第二节　中华武术的未来发展方略 ……………………………（168）
　　第三节　传统武术的可持续发展研究 …………………………（178）
参考文献 ……………………………………………………………（185）

第一章 武术的起源与发展

武术是我国一项传统体育项目,至今已有几千年的历史,其主要内容是机体的技击动作,在运动形式上主要包括功法、套路和搏斗三种形式,它还强调参与者的内外兼修。在漫长的历史发展过程中,我国特有的体育文化形态得到了极大的丰富,其价值也较为广泛,文化色彩也非常浓厚鲜明。在历经艰难坎坷后,中华传统武术顽强地站立在中华大地之上,并不断被传承和发扬。它成为我国独有的一块文化瑰宝,是中国传统文化的重要组成部分。

第一节 武术的概念及起源

一、传统武术的内涵

"武术"一词最早出现在南朝《文选》颜延年《皇太子释奠会》诗中:"偃闭武术,阐扬文令。"而在不同的历史发展时期,"武术"一词也有着不同的内涵。现今,武术的概念发生了较大变化,它主要是指人们用来强身健体、维护自身安全的技击技术。在我国,武术可以有针对性地反映中国传统文化的主要特点,武术的拳理可以充分体现中国传统哲学思想,而它的用武之道也体现了中国传统的伦理观念,并且武术的基本理论还与中国传统医学、养生学有着密切的联系。可以说,我国的武术是一项集防身、健身、修身养性于一体的体育运动。

在古代,武术的主要存在形式是一种格斗技术,不管是在最原始的狩猎,还是在少数人之间的搏斗、较艺,或者大规模的军事阵战中的厮杀,都会有这种技术的出现。因此可以说,武术的内容和形式在发展和变化的过程中,始终都是围绕着"技击"这一根本属性来进行的。武术的本质属性,也是其最主要的特点就是武术动作具有攻防技击价值。将许多具有这一本质属性的格斗技术聚集在一起,也就构成了现在我们所看到的武术。

(一) 字形上的分析

从字形上,我们可以将"武"字拆分为"止""戈"二字,常任侠在《中国古典艺术》一书中提出:"武字甲骨文篆文均从戈从止,金文亦从戈,做人持戈、持干、持戌前进的样子。"

在许慎的《说文解字》一书中:"夫武,定功戢兵,故止戈为武。"其意思就是打了胜仗,收兵回营。"戈"是兵器,"止"是停止之意,整个"武"字是停止打仗之意,但实际上这种解释并非"武"字本意。据《说文解字注》(段玉裁)中议:"止下基。象帅(草)木出有址。故以止为足。以止为人足之称与以子为人之称正同。"也就是说草木为止,引申为人足为止,足即指人也。古代文字专家都认为止是足,足亦指人也,所以常任侠在《中国古典艺术》中将"武"理解为像人持戈前进或者荷戈出征打仗的意思,是有其文字依据的。"止"在用法上有禁止、阻止之意,戈就是搏击中的武器,寓有矛盾之意。

"衍"从行术声(《说文解字》),把"术"写到行中就成了"衍",而在甲骨文、金文以及战国的陶文中的"术"的写法,均像四通八达的街中的卜字之道,如此看来,"术"的含义是后人引申的,它所引申的主要是技术方法的意思。

因此,通过对"武""术"二字字形演化和引申的内涵进行分析,我们可以得出"武术"就是搏击的方法和手段。

(二) 字义上的分析

从字义上,我们可以将"武"字的含义解释为两大类,一种是"威力服人"的意思,另一种是"讲武论勇"的意思。《辞海》中对武术的注释是:"干戈军旅之事。"术即整军经武的方法和技术。《韩非子·定法》中提道:"术者,操杀生之柄,课群臣之能者也。"《礼记·乡饮酒义》中说:"古之学术道者,将以得身也。"因此,通过对武术字义上的分析,可以认为武术是一种击、力、技、法的方法。

(三) 内容上的分析

技击技术是武术运动中的本质特征,不管是在功法、套路运动中,还是对抗运动中,都充满了攻防技击的内容。诸多史料的记载更加证明了武术运动丰富的攻防内容,也能很好地体现出武术的本质特征。

随着社会发展,火器开始使用并不断进步,武术在实战中的作用渐渐减少，而它也开始向着健身养生的方向发展，至今已发展成为深受群众喜爱的一项现代体育运动项目，但其技术仍保持着技击的特点，并能使练习者掌握一定的攻防技击技术和能力。

1932年，在《国民体育实施方案》中，对武术有这样的说法："国术原我国民族固有之身体活动方法，一方面可以供给自卫技能，一方面亦作锻炼体格之工具。"在当时，武术在实战方面的功能有所减弱，加上后来西方的体育逐步地进入中国，人们开始从身心锻炼和审美情趣等方面来挖掘武术的体育价值。在这一过程中并没有对武术的技击特点和功能进行完全的否定，所以，武术也就成了中国传统体育项目不可或缺的一个部分。

20世纪50年代，"武术即是技击"的观点被一些人提出，这在当时具有很强的代表性。但在武术后来的发展过程中，这种观点被当作"唯技击论"受到了许多学者的批判。

1978年，在《体育系通用教材·武术》一书中，对武术概念的表述出现了许多新的内容："武术，是以踢、打、摔、拿、击、刺等攻防格斗动作为素材，按照攻守进退、动静疾徐、刚柔虚实等矛盾相互变化的规律编成徒手和器械的各种套路。它是一种增强体质、培养意志、训练格斗技能的民族形式的体育运动。"这一表述可以说较为全面地概括了武术的各个特点，它明确地指出了武术就是一种"民族形式的体育运动"，不仅表明了武术的技击特点，使用了具体的技击方法来表述，强调武术以"攻防格斗动作为素材"，而且概括了武术具有"增强体质、培养意志"的社会功能。

二、传统武术的起源

（一）传统武术的雏形

在原始社会生产力水平低下、自然环境恶劣的情况下，人类为了生存，就必须依靠群体力量同自然界进行斗争。在狩猎的生活中，人们依靠拳打脚踢和野兽进行搏斗，再到后来拿起石头、木棒等去降服野兽，在这一过程中，逐渐积累了一定的搏斗技能，如劈、砍、刺等。这种基于本能的、自发的、原始形态的搏斗技能是低级的，而且没有脱离生产技能的范畴，但已经逐渐形成了一定的击刺技巧、攻防姿态与动作，这种在人与兽的斗争的过程中积累起来的技巧与方法虽然还不能被称为传统武术的萌芽，但它是中国传统武术技能形成的物质基础，是一个先决条件。

旧石器时代晚期，人类打制石器用作生产工具的技术有了较大发展，这一时期出现了尖状石器、石球、石手斧、骨角加工的矛。新石器时代则出现了大量的石斧、石铲、石刀和骨制的鱼叉、箭镞、铜钺、铜斧等，人们已经较广泛地运用弓箭来狩猎了。生产、狩猎工具的不断创新，使得人类在劈、砍、击、刺等技术上积累了更为丰富的经验。这时，以创造锋利工具的能动性、使用工具方法的主动性、运用格斗技术的自觉性为标志，传统武术的雏形初步体现出来。

真正意义上的传统武术萌生于人与人的战争中。早在原始社会末期就出现了较大规模的战争，《吕氏春秋·荡兵》记载："未有蚩尤之时，民固剥林木以战矣。争斗之所自来者久矣，不可禁，不可止。"战争使人与兽搏斗的工具和技能转化为人与人搏杀格斗的工具和技能，这一过程也有力地促进了器械的制作及技击技术的发生和发展。《世本》记载："蚩尤作'五兵'：即戈、殳、戟、酋矛、夷矛。"随着兵器的丰富，使用这些兵器的技术也不断丰富和发展。正是人与人的搏杀格斗使得大量磨制锋利的生产工具逐渐演变为互相残杀的武器，人类使用兵器的技艺及战争所需的格斗技能逐渐从生产技术中分离出来，武术进而发展成为一种独立的社会技能。

据史料记载，原始社会的人们在狩猎、战事等活动前后，一般会有一种叫"武舞"的仪式。大禹时期，苗部族多次反叛，屡次征伐未能使之降服。在这之后禹立即下令停止了进攻，然后让士兵手持斧头和盾牌进行操练，请三苗部族的人观看"干戚舞"。三苗部族被"干戚舞"雄浑的力量所慑服，随即便臣服于大禹。"干戚舞"是古代众多"武舞"中的一种，是在模拟狩猎或者战争的场景。人们在"武舞"中幻想以这些击刺杀伐的动作来产生一种超自然的力量，战胜对手和敌人。在我国，很多带有原始风貌的民族风俗中还能够看到原始武舞的影子，比如纳西族祭神的"东巴跳"。在现今我国发现的原始岩画中，也能够看到一些原始武术的图像。这些岩画中，远古的战士们或是右手高举短戈，傲然屹立；或是人一手持方盾，一手执两端粗中间细的武器，双腿弯曲呈马步下蹲，这些都生动地展现了原始武术的威武形象。

"武舞"既是对搏杀技能操练的一种形式，也是宣扬武威的一种手段，它融知识、技能和身体的训练为一体，将实战格杀的经验以一定程式来演练，是人们对古代武术的感性认识向理性认识的升华，为传统武术的形成奠定了基础。

（二）传统武术的形成

原始社会的武术是在斗争中萌芽发展的，作为原始文化的重要组成部分，它还没进入有目的、有计划、有组织的体育活动范畴。真正的武术是在阶级社会形成以后才逐渐发展完善的。

阶级社会中，战争连绵不断、家族私斗时常发生，格斗中比较成功的一击、一刺、一拳、一腿逐渐被人们模仿、传授、习练。因此，战场上的搏斗经验不断得到总结，武术进一步向实用化、规范化发展，兵器和武艺都有了较大发展，武术体系逐步形成。

第二节 武术的思想内涵

一、武术的太极思想

（一）太极学说简述

"太极"一词最早见于《周易·系辞上》，其中记载："易有太极，是生两仪。"两仪即阴阳，太极以阴阳为内涵，衍生万物。南宋著名理学家朱熹认为："总天地万物之理，便是太极。"太极之理常用"太极图"解释。太极图原称无极图，相传最初由生活在五代至宋初的道士陈抟传出，现在人们所见的太极图由周敦颐所传。太极图由两个阴阳鱼相抱而成，阴中有阳、阳中有阴，阴阳之中再分阴阳，对自然万物的发生、发展规律进行了高度的概括，是中国古代哲学思想的大成。

（二）武术中的太极之道

武术之中最能体现太极之道的就是太极拳，太极拳的拳理充分体现了太极思想中的阴阳辩证之法，是中国传统太极文化在武术中的最好体现。太极拳大家认为，太极是世间一切的原动力，任何事物的发生、发展都蕴含着太极的变化，宇宙中有太极，人体亦有太极，有人称人身的腹部即为太极，故《太极十三式歌》称："命意源头在腰隙，刻刻留心在腰间。"

就太极图本身而言，黑白双鱼存于平面圆形（代表世间万物）中，二者互为依靠，相互环绕，意寓动静结合、刚柔并济、虚实相间等的对立统一。太极拳与太极图中的阴阳消长、转化规律是一致的，如太极图中的双鱼环绕恰似练习者在习练太极推手时相互双搭手的形态。在练习太极拳的过程中，攻守双方臂膀组成环状，你进我退，粘连黏随，变化万千，正是符合了彼阴吾阳、相互消长、交替变化的太极之道。就拳风而言，太极拳动作圆活，招招式式不离圆弧形，动作之间圆转连贯、一气呵成，更体现了太极之魂。

二、武术的阴阳思想

（一）阴阳学说简述

阴阳是一对对立统一的矛盾体。向日为阳，背日为阴。《周易》称"一阴一阳之谓道"，"道"即阴阳变化的规律。《素问·阴阳应象大论》说："阴阳者，天地之道也，万物之纲纪，变化之父母，生杀之本始。"可见，阴阳规律是自然界固有的规律，整个世界就是阴阳对立统一运动的结果。

（二）武术中的阴阳之道

武术与阴阳学说有着密切的关系，先秦时期，就有了"顺阴阳而运动"的思想，武术技击中蕴含着阴阳学说，武术的进攻和防守都与阴阳变化有关，这从春秋末年"越女"论剑和战国时《庄子》中可以看出。"越女"认为："道有门户，亦有阴阳，开门闭户，阴衰阳兴。"即用阴阳变化解说武术的攻守制胜之理；《庄子》认为："且以巧斗力者，始乎阳，常卒乎阴，大至则多奇巧。"指出武术的"奇巧"变化应遵循阴阳的转化规律和法则，提出"夫为剑者，示之以虚，开之以利，后之以发，先之以至"，明确了在武术格斗中阴阳转化得当的一方能以奇巧制胜。

拳术是武术的重要组成部分，根据武术"顺阴阳而运动"的规律，任何拳术习练者都要维持体内的阴阳平衡，做到"气沉丹田"。在武术学习中，经常用阴阳的相互根生、相互消长、相互转化等来解释技法技巧和拳技理法。

三、武术的五行思想

（一）五行学说简述

五行包括木、火、金、水、土五种物质。五行学说是古人认识宇宙、解释万物变化的一种学说，较早的历史文献记载见于殷末的《尚书·洪范》："一曰水，二曰火，三曰木，四曰金，五曰土。"古人用类比法将自然界的万物进行了归类，并阐述了万物之间相生（木生火，火生土，土生金，金生水，水生木）、相克（木克土，土克水，水克火，火克金，金克木）的相互关系与作用，见表1-1。

表1-1 五行属性表

五行	人体							自然界				
	五脏	五腑	五官	五体	五志	五藏	五尸	五方	五时	五化	五色	五味	五气
木	肝	胆	目	筋	怒	魂	呼	东	春	生	苍	酸	风
火	心	小肠	舌	脉	喜	神	笑	南	夏	长	赤	苦	暑
土	脾	胃	口	肉	思	意	歌	中	长夏	化	黄	甘	湿
金	肺	大肠	鼻	皮	悲	魄	哭	西	秋	收	白	辛	燥
水	肾	膀胱	耳	骨	恐	志	呻	北	冬	藏	黑	咸	寒

（二）武术中的五行之说

武术中的形意拳就是以五行学说作为技击理论基础的武术拳种，它以五行学说为指导思想，在拳法中突出"阴阳五行生克制化"的变化规律。在形意拳的动作技法中，"劈拳属金、崩拳属木、钻拳属水、炮拳属火、横拳属土"，并且各个拳法之间存在着与五行学说相对应的相生相克的关系，即"劈生钻，钻生崩，崩生炮，炮生横，横生劈；劈克崩，崩克横，横克钻，钻克炮，炮克劈"。此外，五行拳的各种拳法对应人体脏腑，与人体生理功能有密切的联系，如崩拳能平气舒肝、强筋壮脑；钻拳属水，其气和则肾足，气乖则肾虚；炮拳属火，其拳顺则气和虚灵，拳谬则气乖而四体失和等。形意拳综合五行之说，有"形意合一""内外同化"之效。

四、武术的八卦思想

（一）八卦学说简述

八卦学说历史悠久，其思想体系庞大，由太极衍生而来，有"无极生太极、太极生两仪、两仪生四象、四象生八卦"之说。古人认为，宇宙是一个万物一体的整体，各个局部之间相互关联，共生共存，具有很强的规律性，八卦学说就起源于这种朴素的唯物论和辩证法。八卦学说肯定了万物之间的联系，认为事物的生长具有其自身的规律性，并根据这种规律性推测事物的发展和走向，又把发展理解为各种矛盾趋向和谐与不断往复（递进式）的过程。

（二）武术中的八卦之说

八卦掌是武术的重要组成部分，与八卦学说有着紧密的联系。八卦掌原名"转掌"，其运动形式主要是绕圆走转，所绕圆圈经过八卦的八个方位，又以人体各部位比对八卦，故称八卦掌。八卦掌取象于数理，立体于八卦，基本八掌为"乾卦狮子掌，取象为狮；坤卦返身掌，取象为麟；坎卦顺势掌，取象为蛇；离卦卧掌，取象为鹞；震卦平托掌，取象为龙；艮卦背肾掌，取象为熊；巽卦风轮掌，取象为凤；兑卦抱掌，取象为猴"。八卦掌借用八卦的数术来规范其拳技的层次和系统，以八个基本掌法比附八卦，以六十四掌比附八八六十四卦。

"易理"是解释八卦图形含义的基本理论，包括简易、变易、不易三种基本思想。八卦掌以"易理"为理论依据规范拳技。首先，简易即简单明了，八卦掌的基本运动形式是左右沿圆绕走，掌法变化也是将攻防融于沿圆走转，拳法简单；其次，八卦掌效法变易的思想，将沿圆绕走和攻防融为一体，"以动为本，以变为法"，使拳法招式像天体运行一样，攻守之间不停走转，周而复始，没有中断；最后，"不易"即"动静有常"，八卦掌根据天地间万物万象始终变化的规律形成了八卦取象、取身不易的拳理法则。

五、武术与"形神统一"

（一）形神统一论简述

"形神统一"即"形神兼备""内外兼修"，是我国古代唯物主义哲学家荀子和范缜对形、神关系的认识和看法。他们认为"形为神之本，神为形之用"，即神依赖于形而存在，形是神的物质基础，形盛则神旺，神衰则形枯，二者相辅相成、对立统一。

（二）武术中的形神统一思想

在形神统一哲学的影响下，"形神兼修"成为武术的重要练功原则和特点。就技术而言，形指手、眼、身、法、步等有形的武术动作特征，神指心、意、胆等无形的心理品质和气质；就人体而言，形指身体，包括五官、躯干、四肢、筋、骨、毛皮等，神指精神、意识、思维等心理活动；就内外而言，形是外在的具体运动形式，神指内在的精神内容。武术运动并非机械的肌肉运动，它讲究"以意领气，以气催力"，讲究意、气、神与力的结合，讲究形神兼备，这是武术习练的最高境界。

六、武术与"天人合一"

（一）天人合一学说简述

"天"代表"自然"，"天人合一"既指"天人一致"，又指"天人相应"，即人和自然应和谐相处，万物的发展应符合其自身的规律，一切人事都应顺其自然。

（二）武术中的天人合一思想

习武顺应自然。有拳谱曰："乾坤为一大天地，人为一小天地也。"一方面，习武之人在练习武术的过程中应追求人体与大自然的和谐相通，做到物我、内外的平衡，实现阴阳平和，而不要违背大自然的规律。具体表现为习武要符合自身条件、符合节气、地理环境等。逆天时地利而动对健康不利。另一方面，习武要追求动作的"合"，要求习武者"心与意合，意与气合，气与力合；肩与胯合，肘与膝合，手与足合"，以使身体各部位相互协调。在习武过程中，要有意识地追求动作技法的完美，并结合人体的运动规律进行练习。

第三节 武术的分类及流派

中国是一个历史悠久的文明国家，拥有着约960万平方公里的国土面积，广袤的土地为武术运动的发展提供了一个天赐的平台，由此应运而生的武术运动内容丰富而且分类方式繁多。例如传统的分类方法中，有以是否"主搏于人"而分为内家与外家；有按山川、地域分为少林、武当、峨眉等门派，还有南拳北腿、东枪西棍之说；还有人根据武术的范围与目的把武术分为经济武术、学校武术、军事武术和民间传统武术等；还有根据体育竞技比赛项目将武术进行分类的方法。每种分类方法各有所长，也有其不足之处。本节按运动形式的分类方法，将武术分为以下三大类。

一、套路运动

武术的分类中，套路运动是极为重要的组成部分，也是极为重要的一项分类标准。

根据武术的演练形式的不同可以把套路运动分成单练、对练以及集体演练三种类型，其中单练又包含拳术和器械两个方面的内容，对练包括徒手对练、器械对练、徒手与器械对练三项内容。

（一）单练

1. 拳术

徒手演练的套路运动称为拳术。拳术中又包含许多不同的种类，称为拳种。主要的拳种有长拳、太极拳、南拳、形意拳、八卦掌、八极拳、通背拳、劈挂拳、翻子拳、地躺拳、象形拳等。

(1) 太极拳：太极拳是一种柔和、缓慢、连贯、圆活的拳术。它以掤、捋、挤、按、采、挒、肘、靠、进、退、顾、盼为基本运动方法（亦称太极十三式）。在中国乃至国外都广为流行，练习太极拳以修身养性为目的，其也属于竞赛项目的一种。传统的太极拳有陈、杨、吴、孙、武等式。

(2) 长拳：长拳是由手型、手法、步型、步法、腿法、平衡以及蹿蹦跳跃、闪展腾挪、起伏转折等动作与技术组成的拳术。其运动特点是姿势舒展、动作灵活、快速有力、节奏鲜明，是竞技武术中的主要项目。传统的长拳有查拳、华拳等。

(3) 形意拳：形意拳以三体式为基本姿势，以劈、崩、钻、炮、横五拳为基本拳法，是吸取了龙、虎、猴、马、龟、鸡、鹞、燕、蛇、骀、鹰、熊等十二种动物的动作与形象组成的拳术。

(4) 南拳：南拳是一种流行于我国南方各地拳术的总称。拳种流派颇多，广东有洪、刘、蔡、李、莫等家，福建有咏春、五祖等派。其主要特点是：拳式刚烈，步法稳固，多桥法，擅标手，常以发声吐气助发力、助拳式。

(5) 象形拳：象形拳是与攻防动作结合模拟各种动物形态或人物形象所组成的拳术。常见的有螳螂拳、鹰爪拳、猴拳、蛇拳、醉拳等。其运动特点是：形象生动，取意体现攻防特点。

(6) 八卦掌：八卦掌是以摆扣步走转为主，以推、托、带、领、穿、搬、截、拦等掌法变换为内容的拳术。其运动特点是：沿圆走转，式式相连，身灵步活，随走随变。

2. 器械

器械套路种类繁多，分为短器械、长器械、双器械、软器械四类。短器械主要有刀、剑、匕首等；长器械主要有棍、枪、大刀等；双器械主要有双刀、双剑、双钩、双枪、双鞭等；软器械主要有三节棍、九节鞭、绳标、流星锤等。

(1) 刀术：以缠头、裹脑和劈、砍、斩、撩、扎等基本刀法配合步型、步法、跳跃等动作构成的套路。

运动特点：快速勇猛，激烈奔腾，紧密缠身，雄健彪悍。

(2) 剑术：以刺、点、撩、挂、截、穿、崩、挑等剑法，配合步型、步法、平衡、跳跃等动作构成的套路。

运动特点：轻灵洒脱，身法矫健，刚柔相兼，富有韵律。

(3) 棍术：以劈、扫、抡、戳、撩、挑等棍法配合步型、步法、跳跃等动作构成的套路。

运动特点：勇敢泼辣，横打一片，密集如雨，梢把并用。

（4）枪术：以拦、拿、扎枪为主，兼有崩、点、劈、穿、挑等枪法，配合步型、步法、身法等动作构成的套路。

运动特点：走势开展，力贯枪尖，上下翻飞，变幻莫测。

（二）对练

两个人或两个人以上，按照预定的动作程序进行的攻防格斗套路。

1. 徒手对练

运用踢、打、摔、拿等技击方法，按照进攻、防守、还击的运动规律编成的拳术对练套路。常见的有刷打拳、对擒拿、南拳对练、形意拳对练等。

2. 徒手与器械对练

一方徒手，另一方持器械，双方进行攻防对练的套路。常见的有空手夺刀、空手夺棍、空手进双枪等。

3. 器械对练

以器械的劈、砍、击、刺、格、挡、架、截等攻防技击方法组成的对练套路。主要有短器械对练、长器械对练、长与短对练、单与双对练、单与软对练、双与软对练等诸多形式。

（三）集体演练

集体进行的徒手、器械或者徒手与器械结合的套路练习称为集体演练。集体演练一般要求人数在6人以上，如集体基本功、集体拳、集体刀、集体长穗剑、集体攻防技术等。在练习的时候要求队形整齐划一，动作规整一致，可以相互地变换队形图案，还可以配乐。

二、功法运动

传统功法运动的内容丰富多彩，按其形式与功用又可进一步分为以下四类。

（一）外壮功

外壮功又被称为"外功"，指的是习武者通过专门的训练手段和方法，让身体拥有比常人更加突出的能力，以达到强身健体、强筋壮骨的功效。

（二）内壮功

内壮功又可以称为"内功"或者"富力强身功"，指的是习武者通过专门的训练方法和手段，对人体内在的精、气、神及脏腑、经络、血脉等的修炼，以达到精足、气壮、神明、内脏坚实、经络血脉通畅、内壮外强的功效。

（三）柔功

柔功是指为了提高肢体关节活动幅度和肌肉伸展的性能，通过各种专门的方法和手段进行的一系列的练习。例如武术基本功中的各种压腿、搬腿、撕腿、劈叉腿、下桥、压肩等，都属于柔功。

（四）轻功

轻功又称"弹跳功"，泛指通过各种专门的练习方法和手段，以增强弹跳能力而达到蹦得高、跳得远之功效的功法运动。在民间传说中轻功能让人变得"身轻如燕"，甚至可以"飞檐走壁"，这样的说法难免缺乏科学依据，并不可信。

在中国传统的功法运动中，根据前人总结出来的经验而创造出来的功法延续至今，如"排打功""沙包功""木人桩功"等，仍是提高武术专项技能的有效训练方法与手段。有一些功法在某些特定的历史阶段有很大的利用价值，但是随着科学技术的不断进步，很多功法都被新的方法和器械所代替了，如"石锁功""石荸荠功"等。有些功法是否科学合理还有待进一步研究，如"金钟罩""铁裆功"等。另外，有些功法纯属玄虚不实，带有迷信色彩，应予摒弃，如"刀枪不入""飞檐走壁""隔山打牛"等。

三、搏斗运动

搏斗运动是两个人在一定条件下按照一定的规则进行斗智、较力、较技的实战攻防格斗。散打和推手是目前在民间流传比较广泛的搏斗形式。

（一）推手

推手是两人遵照一定的规则，使用掤、捋、挤、按、探、挒、肘、靠等技法，双方粘连黏随，寻找一个恰当的机会，然后发力将对方推出去，用这样的方法来决定胜负的竞技项目。

（二）散打

散打又可以称为散手，古代称为手搏、白打等。由于比赛是在擂台上进行的徒手相搏，所以又称为"打擂台"。现在的散打是两人按照一定的规则使用踢、打、快摔等方法制胜对方的竞技项目。

第四节　武术的演变与展望

随着历史的推进，由单元向多元发展是文化的发展规律。40年前，我们可以用"武术"这两个字来概括整个武术的全貌，可如今，多元的发展态势已经成了武术的明显特征。无论哪一个文化领域,当现代人正在热烈地争论它的现实改革时,未来方位的预测也就成了该专业的重要课题。目前,对于武术的类型虽然各有所论,但其主要框架或所涉内容却大相径庭。所以,审视现实,展望武术的未来走势,我们可以从以下几个主要方面进行简要的阐述。

一、传统武术的萎缩与发展

传统武术的称谓在20世纪70年代以前是不存在的,那时的武术泛指各种武术套路。随着时代的发展,竞技武术体系逐渐形成,相比之下,也使传统武术正名。传统武术是指以中华民族传统文化为基础,以攻防动作为主要素材,以套路、散打及各种功法为主要运动形式,注重神形兼备、内外兼修的民族体育项目。传统武术是中华武术的母体,是其他各类武术的衍生地。它从源头到流程都具有鲜明的自身特征、明晰的传承过程、系统的具体内容,感染力超强。

(一)传统武术的特点

概括来讲,传统武术的特点主要表现在如下三个方面。

(1)动作具有攻防及技击性。作为中华武术特有表现形式的套路运动,虽然拳种不同,风格各异,有的还具有地方特色,但无论何种套路,其共同特点都是以踢、打、摔、拿、击、刺等攻防动作构成套路的主要内容。

(2)具有内外合一,形神兼备的运动特色。中华武术既究形体规范,又求精神传意。内外合一的整体观是中华武术的一大特色。

(3)内容丰富多采,具有广泛的适应性。武术的练习形式、内容丰富多样,既有竞技对抗性的散手、推手、短兵,又有适合演练的各种拳术、器械的对练,还有与其相适应的各种练功方法。

(二)部分拳种的萎缩与消亡

传统武术是中华武术的大本营,但传统武术不是博物馆里的陈列品,而是富有时代烙印、不断吸纳新元素的活标本。在现代,部分传统武术活力大增,而部分拳种的萎缩与蜕变却大有不可抗拒之势。这是时代文化的特征,也是"用进废退"的缘故。当然,这里所说的萎缩,是指整个传统武术体系中部分拳种的缩水。随着历史的变化和时代的演进,传统武术的演变与流失成了必然的历史现象。实际上,自热兵器在战场上发挥作用起,武术的军事作用就已经开始减弱。以少林拳为例,明代的抗倭战场,少林武僧大展身手,勇名天下,少林拳成了赫赫有名的真功夫。此时的少林寺香火兴旺,习武之风昌盛。嘉靖四十年（1561年），当抗倭名将俞大猷带兵南征路过河南，特意取道少林寺观看少林武僧的表演后，遗憾地说道："此寺以剑技（即棍法）名天下，乃传久而讹，真诀皆失矣。"俞大猷言中的"传久而讹"和"真诀皆失"，一针见血地指出了为了追求表演效果，少林拳脱离了技击的真谛。很显然，武术不与实战相结合，它的变异就会随即发生。据有关资料记载，明代的少林拳套路约有480套，可到了民国时期，已经退化到了不足300套。当下，世人常练的、可见的少林拳也不过60套左右。这种年复一年的流失，其他拳种想必也是如此。

从我国第一次武术挖掘整理工作的结果来看，有据可查的传统武术大约有129个拳种。在笔者所接触的各类型的武术交流大会上，秩序册中的拳种组别至多不过三四十种。这说明，传统武术各拳种之间的活性因素差距明显，世人对各拳种的认知度相差悬殊。拳种也和商品一样，驰名中外的金字招牌受到无数人的追捧，习练人群也越来越大，而弱势拳种在竞争中暗自走向衰微也在情理之中。

"物竞天择，适者生存。"武术的价值也伴随着时代的变更而发生着变化。在现代的语境里，时尚已成为主流。对于宝贵的传统武术，世人也是有选择地接受。过去的十八般兵器早已被刀、枪、剑、棍所涵盖，像峨眉刺、狼牙棒、戟、殳等一些稀有的冷兵器，只能作为历史遗物被束之博物馆。由于历史背景的差异，武术体系内部的不平衡状态明显加剧，体系中部分拳种的流失几乎成为必然。尽管如此，面对现实，为切实保护我们祖先的血汗成果，对弱势拳种的现状应倍加重视，要积极采取措施，出台相关政策，尽早尽力地拯救与保护它们，以期维持武术百花园的丰盛和博大精深的美誉。为此，再次举行全国性的武术挖掘整理工作尤显重要。

（三）传统武术体系中优势拳种的发展与普及

对于传统武术，我们更要看其发展。这里讲的普及与发展不是指整个武术体系，而是指其中的优势拳种和从事优势拳种练习的人群和地域。武术体系中，当某些拳种走向枯萎时，另一些内容丰富的优秀拳种（如太极拳、南拳、少林拳、八卦掌、形意拳、鞭杆等）却光彩四射，呈现出前所未有的好光景。传统武术体系中，冷中有热，热中有冷，这也是它的时代特征。

自1982年《少林寺》电影放映以来，举国上下乃至世界各地，武术热一直在升温，各地对武术活动的开展较之前都有了新的突破。武术文化软实力的隐性作用逐渐得以显现。1991年以来，河南省已经连续举办了12届国际少林武术节。其后，武术节升格为世界传统武术节。与此同时，陈氏太极拳、杨氏太极拳、形意拳、螳螂拳、武当拳等拳种的发源地也纷纷举办了类似的武术活动，来自世界各地的武术爱好者们通过各种渠道，拜中国拳师学艺，使民族文化通过武术进行传播，进而使民族形象得以良好提升。

对于传统武术，政府部门已把传统武术作为单列的正式赛事活动开展起来。在传统武术竞赛大会上，太极拳、形意拳、八卦掌、少林拳、南拳（包括器械）等无形中成了优势拳种的代表。

在国家举办的各种体育大会中，传统武术成了不可或缺的重要内容。城市运动会、农民运动会、各行业体协运动会、少数民族体育运动会等活动中，武术都占有一定的位置。

随着国民生活水平的不断提高，民间武术馆、武术社相继成立，对传统武术具有根本性的传承与保护作用。

世界信息化为中华武术的对外传播架起了桥梁，不但方便了国外武术爱好者们来华拜师学习，也使国内众多的武术大师能够抓住机遇，走出国门，向国外发展武术，传播民族文化。

武术段位制的实施与推广是一项具有时代眼光、战略意义的武术普及工程。如今，部分武术段位制教材的编纂，对武术在中国乃至世界的普及传播有着特殊的作用。

传统武术是宝贵的非物质文化遗产。近年来，国家出台了一系列有关非物质文化遗产的保护条例，使一批有影响的优秀传统武术项目被列入保护名录之中。

传统武术产生于中华沃土，植根于大众之中，时至今日，它占有天时、地利、人和的优势。民族的崛起、国力的增强、经济的腾飞，已经为传统武术的发展创造出了有利的条件。传统武术是国学的载体、健身的手段，线性地进行历史比较，它无论是在张扬形式还是在普及规模方面，都是前所未有的。

文化具有不分国界、共同享有的特点。展望未来，传统武术前景看好。在国内外传承、传播过程中，技击是核心，文化是内涵，精神是灵魂，套路是载体，只有套路才是最有效的对接方式，是各拳种特点的重要标签。未来的传统武术，拳种派别的称谓不会淡薄，因为这是各武术流派的籍贯，属于一种袖珍型的历史文化体系。无论在当今还是未来，各民族文化之间的碰撞与交流是必然的。武术文化自身具有明显的优势，在人类未来生命文化的时代里，人们对武术的实践活动将会更加重视，传统武术的习练也将是人类健身的良好归宿。中华武术不只是华夏民族独有的传家宝，也是世界民族共同享用的文化资源。武术源于中国，但属于世界，武术走向世界的事实正鼓舞着我们，启迪着后人。未来的世界，传统武术越显珍贵，将分外受世人欢迎。因此，在今后的工作中，传统武术的传承与发展应始终摆在重要的位置，使传统武术繁荣发展，后继有人，只有如此，才算真正达到纲举目张、全面繁荣之目的。

二、竞技武术的由来与未来

竞技武术是传统武术的派生物、新支流，是在统一规则的约束下，教练员为充分挖掘和发挥运动员的潜力、潜能，力争在竞赛过程中创造优异成绩，所进行的一种科学系统的、螺旋式的循环训练过程。竞技武术是一种精英式武术，竞赛是它的动力，夺标是它的目的。赛场上精湛技巧的展现与激烈的拼搏精神是它的活力与魅力。目前，竞技武术主要包括武术竞赛套路、武术散打等。

（一）竞技武术套路的发展

中华人民共和国成立之初，政府就重视武术的发展问题。1953 年，在天津举办的全国少数民族体育运动会，武术在其中扮演着重要的角色。为使武术具有相对公平、公正、公开的比赛效果，一部具有历史意义的《武术竞赛规则》于 1958 年问世，开创了武术套路以竞技体育形式比赛的先河。20 世纪 60 年代，由于中华人民共和国成立不久，百废待兴，国家所面临的最大问题是如何加快社会主义建设步伐，解决吃饭穿衣等民生大事。所以，武术的发展不像今天这样乘风破浪，更没有各种各样的分类之说和研究氛围。随着时代的发展，为了竞赛的需要，筛选与规则相配套的竞赛内容势在必行。于是，国家体育运动委员会下属的职能部门便组织专家，经调查论证后，决定在查拳、华拳等拳种的基础上，创编出甲、乙组系列武术竞赛规定套路，迈出了竞技武术套路的扎实步伐。1972 年以后，自选套路与规定套路并驾齐驱。时至 1982 年，长拳类自选套路竞赛项目逐步代替了规定套路竞赛内容。1986年，武术竞赛套路正式被列为第六届全国运动会竞赛项目，亮相于国内竞技体育的大舞台。竞技武术套路的内容为长拳（包括刀、枪、剑、棍）、南拳、太极拳及对练。

竞赛是有效的技术交流平台，加之现代先进影像工具的佑助，竞技武术的技术内容几乎没有秘密可言。1990 年后，全国各省、自治区、直辖市武术队的竞技水平十分接近，这给竞赛评分带来了困难。由于那时的竞赛规则客观量化的标准相对模糊，主观臆断因素占据优势，所以，前三名运动员都具有当冠军的资格，前六名的运动员都具有当前四名的资格，而且各有理由。为加强评判结果的客观性、准确度、区分度，竞赛规则的改革就迫在眉睫。于是，职能部门采取了增加指定难度动作的措施来缓冲这一难题。其后，《武术竞赛规则》又几经修改，形成了如今竞技武术套路切块评分的模式。第一块即动作质量的评分；第二块即套路演练的评分；第三块即难度动作完成情况的评分。规则的不断改革，标志着竞技武术套路技术的不断进步。2000年后，为使竞技武术套路步入奥运会，国家职能部门倾注了不少精力。竞技武术历经近20年的努力争取，虽然没有成为奥运会大家庭中的一员，但国际武术联合会的成立和在世界各地发展的122个会员单位的成效是值得肯定的。这为今后中华武术的传播与推广造就了有利条件。

竞技武术套路深受重视，在每四年一届的全国运动会上，竞技武术套路是多金牌项目。由于它的价值取向是对人类生理潜力、体能、技术的极限挑战，所以，争金夺银是运动员的训练目的，优异成绩是教练员们的奋斗目标。竞技武术套路对大众来说是一种美的欣赏、乐的享受；对运动员来说，其功能重点不在于健身，而在于人体能力的表现和武术魅力的凸显。因此，高、难、美、新、真的技术取向是竞技武术套路的必然抉择。

近些年来，大众对于竞技武术套路的发展微词不断，争议多集中在：竞技武术套路淡化了中华文化的色彩，渐离了技击的内涵；竞技武术的优势发展导致了传统武术的明显失宠；难度动作的增加，对于套路内容的丰富性明显制约；失去了武术健身的作用和功能特点，内容单薄，形式单一等。这些其实是竞技体育项目的通病。全面体察竞技武术套路，它仍是中华武术的形象、民族精神的导体。经过科学训练、反复磨炼的精英们，在赛场上从比赛开始到结束，礼仪、心理、体力、状态、形体、技术、战术、精神以及风格的展示等，都是中华武术前所未有的规范性表现，它带给人们的艺术欣赏、高质量的精神享受，无疑都是其蓬勃发展的价值所在。

竞技武术套路脱胎于传统武术，立足于技术竞赛，不断改革是它的生命所系。长期以来，古老的中华武术并没有一个统一的、比较公平的竞赛规则，即使过去的打擂台也只不过是英雄们在不可能平等的条件下所进行的技术较量。随着运动技术的不断发展，竞赛规则也在不断地变化更新。武术要走竞赛之路，必须有所舍，才能有所得。为使武术走向世界，便于比赛，利于交流，必须坚持有所为、有所不为的基本理念。武术的交流与竞赛，需要竞技武术出头引领。因为，传统武术的比赛很难达到公平，更无法推向奥运会。时至今日，世界民族文化的大交融、大激荡已成现实的大趋势，武术的发展绝不能因循守旧、故步自封，也绝不能抱守一个模式不放。我们要向世界弘扬华夏文化，推广中华武术，首要任务是开辟国际高速通道，搭建世界性的大舞台，让各国人民认识武术，练习武术，进而组织精英们步入竞技武术这一平台，接受统一规则的考评，达到共同发展的目的。

目前，竞技武术套路的发展面临严峻考验，正处在"高天滚滚寒流急"的时段。历经几十年磨砺的竞技武术套路何去何从，世人心里难免疑团重重。不同声音、不同观点在近年里发生激烈的争鸣。如今的竞技武术套路存在的根本问题是如何公正、客观、准确地评分。为解决这一顽症，竞技武术套路仍需要一个再瘦身的过程。竞赛规则中不能客观量化的主观臆断部分，始终困扰其发展。对此竞技武术套路系列的价值取向不能简单套用传统武术文化的逻辑思维方式进行评量，否则，永远不能摆脱原有的束缚、重塑自身的特征。

(二) 武术散打项目的发展

散打是竞技武术中的重要成员。它属于对抗项目，是指两人在规则的制约下，双方利用踢、打、摔等技法，斗智较力，决定胜负。1979年，国家由试点向全国推广；1993年，散打正式被列为第七届全国运动会竞赛项目，自此发展速度进一步加快。

2002年，女子散打项目也开始设立锦标赛，并列为2005年第十届全国运动会的正式竞赛项目。散打项目历经40年的雕琢，现已基本定型，成了武术运动中的又一新亮点。目前，散打已成了中华武术实战功能最强的项目，若应对外来的搏击性挑战，散打完全可以挺身而出、首当其冲地担此重任。

散打与武术套路相比，有其自身的魅力与优势，但其也有需要改进的地方，如赛场上"裁判的叫停"过多，运动员的体力不足（前紧后松、耐力不足），竞赛礼仪简单，文化氛围稀薄等，都是有待完善的问题。另外，在知识、经济、信息全球化的今天，散打还面临着来自国外运动员的严重威胁。随着国内外技术交流的通道不断拓宽，国际性的散打竞赛活动也越来越多，国外散打运动员势必逐渐会成为我们的强劲对手。随着我国经济的快速发展，武术职业俱乐部的趋向会逐步明显。若干年后，散打项目一旦在全球普及，那么，商业化性质的俱乐部将会随之产生。对此，作为武术发源地的中国，更应从长计议，既要见其所见，更要预其未见。

近年来，各类散打赛事活动连续不断，这为武术散打走向世界奠定了良好基础，散打与武术套路相比，在世界传播有其优越性的一面。由于它是凭击中次数多少来决定胜负，相比之下，裁判的评分技巧比较简单，准确度容易把握，同时也便于大众参与其中，有助于项目的发展与人气的营造。随着社会的快速发展，武术散打项目向世界推广的步伐会进一步加快，国际性的武术散打活动也将随之频繁起来。

三、影视武术的发展

纵观中华武术发展历史，它犹如一条神奇的科学链，随社会的进步而发展。为适应现代社会所需，武术又有新的种类在崛起，这就是影视武术。影视武术即指以电影与电视为渠道所传播的武术内容。

现代化的今天，人们的生活节奏越来越快，人与人之间的交流更加方便，传媒（电影、电视）成了人类传播交流的主导载体，释放着独特的功能与作用。多数人把媒体作为调节情绪、抛去苦恼和转移注意力的娱乐方式进行享受。它将一个庞大的世界拉近，"地球村"现象日益凸显。电视也成了武术传播的最佳手段。早在20世纪70年代，武打影片《霍元甲》就已经深深打动着世人的心弦。1982年电影《少林寺》上映，更引起了海内外观众对中华武术的崇尚。2008年《李小龙》电影的热播，2008年与2009年春节联欢晚会上的节目"行云流水……武术世家"以及风靡世界的舞武剧《风中少林》等，无一不是凭借现代媒体影视的功能，使武术与大众相连，获得轰动效应的。目前，在中央电视台、各省市电视台，武术也成了专题播放的对象之一。他们不但重视武术套路的演练效果，而且还把武术的对抗项目经过精细的设计装饰后，以不同的竞赛方式进行播放，使武术舞台化、艺术化、情节化，进一步提高了武术的知名度与观赏度。

武术使媒体提高了收视率，影视媒体又使武术有效地得以传播与推广，这种相得益彰的良性融合潜力巨大，前景美好。影视武术作为一种与时俱进的新节目类型，就其生命期来讲，它的顶峰不在今日，而在未来。随着社会的发展，人类对生活的标准越来越高，文化鉴赏的水平也会不断升级，一般的武术内容不易引起人们的欣赏兴趣，因此，改革创新，追求效果，震撼人心，引人入胜才是影视武术发展的根本趋向。在这一平台上，中华武术的各类内容都可以借此获得展示的机会。为了适应大众的口味，影视武术的内容会不断推陈出新。武术同戏剧、舞蹈、杂技、小品、硬气功、功力体系中的绝技、绝活等，都将有可能成为未来影视武术中的具体内容。

四、社会武术的发展

武术之所以能够被百姓大众所喜爱，除了它具有的多种功能外，还有一个重要原因就是它源于民间，服务于大众。百姓参与武术练习的人群寡众如何，是衡量武术普及程度的重要标尺之一。

今天，我们已经不能用一个简单的术语来准确地阐明整个武术内涵了。社会武术也是武术体系中的一个基础面。随着国力的增强、物质的丰富、百姓生活水平的不断提高，国人健康质量备受重视，社会武术也就成了耐人寻味的一块阵地。

从严格意义上讲，社会武术既不同于竞技武术，又区别于传统武术。它是指社会上的大众百姓，出于对武术的爱好，以休闲自乐的心态，从事的武术练习活动。社会武术的一般特点是：①习武人员来自社会的各个层面，利用空闲时间和地点，个人单独练习或多人一起进行练习；②练习项目因人而异，有桩功、套路、单招单势、组合动作、吐纳术、各种兵器等。动作简单，便于操练，不受技术规格约束；③练习时间以早晚为主；④离退休人员逐渐成为了活动的主体。

在社会武术圈子里，武术爱好者们出于娱乐所需，常常在各种武术套路的基础上，经过重组改编，形成新的武术形式，这种情况大有扩展之势。由于中华武术是一个内容丰富而庞杂的文化系统，社会武术借助这个资源，在有选择地利用和创新过程中，有的还保持着武术的特征，而有的则脱离了武术的原型。武术内容与非武术内容的交叉融合，构成了一个五彩缤纷的健身阵地。各层人士，各种拳种、门派，各种相关内容，在此都有立足之地。竞技的、传统的、表演的、自创的、中西结合的等，都可以在这个范畴里寻觅到它们的特色表现。

社会武术具有宽广的自由空间，在以后的社会发展过程中，内容形式的变异会越来越突出，特别是中西体育文化的不断交融，更易刺激社会武术的成员们创新。因此，社会武术是一个具有丰富内涵、包容性极强的大舞台，国内外、多民族健身项目的混合渗透将对未来社会武术的基本走向产生重大影响。

五、学校武术与武术学校的未来发展

千秋大业以教育为本，事业要发展，教育是关键，人才是通过教育培养出来的。作为教育事业一部分的武术教育，要想有一个理想的发展前景，必须重视学校武术和关注武术学校的状况。

（一）学校武术

学校武术泛指各类学校的在校学生，以健身为目的，利用课余或体育课时间从事的武术练习及开展的各类武术活动。学校武术的最主要特点就是各类学校开设的学习内容由教育领导部门统筹安排，教材内容具有同一性和统一性。按理说，作为武术发源地的中国，学校武术活动的开展应该成为学校体育教育的一大特色，可事实并非如此。受长期应试教育的影响，中国学校的学生（尤其是中小学生），重文化学习、轻体育锻炼的风气没有从根本上得到扭转。武术进学校、武术进体育课堂的倡议虽非今日所提，但零散无力的呼吁并没有唤起世人真正的重视。武术在大中小学的开展情况还处在有限的层面和可有可无的境况中。旧的传统观念和人们对武术的错误理解、西方体育项目的冲击，一直是影响学校武术活动开展的重要因素。现在，广大青少年对武术的感情并非执着，也非冷漠，只不过他们还没有在良好的条件和适宜的气候下真正体验到武术的实际功效。他们崇拜的偶像，眼中的武术英雄，大多是各类武打小说或武打影片中的侠士。现实的"要练武，需吃苦"的格言是他们不爱接受的现实。在校期间，学习任务的繁重，学校间升学率的拼争，家庭中父母望子成龙式的关怀，教师对武术有误解、有担忧，怕出事故等，都是在校学生无暇领略武术的原因。"有文事者必有武备"，文武兼备一向是我国人民所共识的良好教育取向，以文化人、以武健身的原则，应该成为今后我国教育过程中的一大特色。

（二）武术学校

武术学校是20世纪80年代以来教育领域所出现的新事物，是指由当地政府职能部门审批，由民间个人投资兴办起来的、以武术为主要学习内容的学校。它的产生与电影《少林寺》的放映有关。1982年，香港中原影业公司摄制的彩色宽银幕功夫片《少林寺》的公映，轰动了全球，久负盛名的少林寺与少林武术震撼着世人。自此，少林武术热、中华武术热骤然兴起。国内外武术爱好者、慕名前来少林寺投师习武者络绎不绝。为适应形势的发展，少林寺地区的民间武术学校乘势而生，接着，全国各地类似现象也相继出现。概括来讲，武术学校有如下几个主要特点：①属于民办性质，由个人出资兴办；②收费办学，以校养校，自负盈亏；③学生来源于全国各地，学习内容以武术为主，兼学文化课程；④培养目标是社会使用人才，毕业生去向不一。

武术学校的历史不是很长，大致说来，1984—2005年间，仅少林寺地区，大大小小的武术学校就多达80余所，习武学生十万之众。全国各地的武术学校也超过万所大关。武术学校的快速兴起，有力地说明武术在世人心目中的精神地位。由于武术学校绝大部分属民办性质，所以，开始阶段各个武术学校条件十分简陋，在校的学生一心习武，文化课的开设有名无实。1995年后，各武术学校深领到了文化课的重要性，逐步沿着文武并重的模式办学，即半天习武，半天学文，不少武术学校干脆更名为文武学校。2000年前后，武术学校的发展态势又有了新的变化，就业形势的严峻导致一些小规模的武术学校被迫关闭，剩下的武术学校也举步维艰。2007年，国家对全国中小学颁布实施了学费全免的义务教育政策，这使收费办学的武术学校更难生存。近年来，武术学校虽然取得了一定的发展，但是由于武术教育理论研究相对滞后，武术学校宏观教育政策不完善，我国武校的发展进入了瓶颈状态，此时，有的在原来的基础上改成了私立全日制的文化型（与公办学校无异）学校，有的也正在谋划相应对策。但是，也有一些原来名声较大、信用较好、成绩突出的武术学校并没有因学费全免的义务教育新政策的出台而受到影响，在校人数非但没有下降，相反，办学规模不断出新，生源逐年攀升，如塔沟武术学校，近年来，办学规模不断扩大。尽管这是一个特殊例子，但它仍旧折射出品牌效益的能量。

面对目前全国武术学校逐年萎缩的状况，办学者需要不断地优化自己的办学思路，从长计议，重视文化课的设置与学习。利用个体办学"船小易调头"的有利条件，与时俱进，强化素质教育，敏锐地洞察社会所需人才动向，及时改革教学内容，特别要加大文化课程的重视力度，拓展学习内容，真正使受教育者既是文化课程学习的尖兵，又是身怀武技的英雄，突出文武兼备的风采，那时，武术学校才算办出了特色，办出了水平，办出了优势。办武术学校需要有远见，既要真正精通业务，又要具有奉献精神，要坚信中华武术的特有魅力、资源价值，理解国宝武术的实质内涵，突出特色，把好育人质量关，只有这样，武术学校才会走出低谷，奔向光明。

第二章 武术的历史使命
——弘扬民族精神

民族精神是一个民族在长期的历史发展中积淀的最优秀、最积极的观念文化。它是该民族传统文化的精华和灵魂，具有鼓励、教育和团结本民族人民奋发图强的力量。中华武术在长久的发展中，承担着弘扬民族精神的重要历史使命。

第一节 弘扬民族精神的时代背景

民族精神是一个民族赖以生存和发展的精神支柱。一个民族没有振奋的精神和高尚的品格，就不可能自立于世界民族之林。在五千年的发展中，中华民族形成了以爱国主义为核心的团结统一、爱好和平、勤劳勇敢、自强不息的伟大民族精神。中国共产党领导人民在长期的实践中不断结合时代和社会发展的要求，丰富着这个民族精神。面对世界范围内各种文化的相互激荡，我们必须把弘扬和培育这种民族精神作为文化建设极为重要的任务，纳入国民教育的全过程，使全体人民始终保持昂扬向上的精神状态。著名哲学家张岱年先生认为："民族精神必须具备两个条件：一是有比较广泛的影响，二是能激励人们前进，有促进社会发展的作用。"[1] 黑格尔从理性统治世界的历史唯心主义哲学观点出发，把民族精神看作"构成了一个民族意识的其他种种形式的基础和内容"，是一个民族（一个地区的人民）生存和发展的依据和生命。他认为民族的存在和发展是一个民族精神的外化和体现，"民族的宗教、民族的政体、民族的伦理、民族的立法、民族的风俗，甚至民族的科学、艺术和机械的技术，都具有民族精神的标记"[2]。

---

[1] 张岱年. 文化传统与民族精神 [M]. 北京：教育科学出版社，1988：73.
[2] 黑格尔. 历史哲学 [M]. 上海：上海书店出版社，1999：55.

美国的文化人类学家本尼迪克特从文化个性的角度出发，认为民族精神是不同文化模式中"应付事态的方式和某些估量事态的方式"以及"行动和看法背后存在什么样的强制力"，她没有忽视民族精神研究中的"常人常事"，善于把"数百个互不相关的琐碎现象归纳为一个综合性的模式"①。民族精神是民族文化的核心与精髓，是民族文化中的主导价值取向和思想品格，也是民族文化的灵魂。

纵观人类文明的发展史，可以清楚地看到，无论文化多么灿烂，思想学说多么深邃，文学作品多么不朽，无一例外都是由民族精神作为其生生不息的精神血脉。《论语》《孟子》之所以成为几千年来的不朽之作，是因为其中蕴含了中华民族乃至东方民族注重入世进取、整体和谐的精神。没有中华民族追求"天人合一""知行不二"的精神特质，中国哲学也就失去了其独特的魅力。总之，离开深邃的民族精神作为灵魂，任何思想和学说都会失去生命力。

经济全球化是当今人类社会生存与发展最广阔、最深刻的时代背景。所谓经济全球化，是指商品和生产要素跨越国界自由流动，资源在全球范围内优化组合、统一配置，从而使全球经济成为一个不可分割的有机整体。经济全球化是社会生产力和科技发展的客观要求和必然结果，是大势所趋。"面对世界范围内各种思想文化的相互激荡，必须把弘扬和培育民族精神作为文化建设极为重要的任务"②。经济的全球化必然引发文化的全球化，强势文化随着经济的渗透也对我们的民族文化造成了冲击，威胁到我们的文化安全，这是一个值得注意的问题。文化安全作为维护国家安全的重要阵地，关系到国家的生死存亡，不可忽视。面对经济、文化的全球化给国家文化安全带来的威胁，尤其是广大青少年的影响，处于弱势的许多国家和民族都开始意识到这一严重的隐患，认识到文化是一个民族的命脉和精神动力，应该把弘扬和培育民族精神作为文化建设的重要内容，作为维护文化安全的重大举措。可以看到，美国人把自由女神当作美国精神的象征，表明美国人对自由的崇尚和追求，日本、韩国、新加坡、德国等国家也纷纷不遗余力地倡导和培育其民族精神，积极应对经济全球化给本国文化安全带来的挑战。

---

① 鲁思·本尼迪克特. 菊花与刀 [M]. 北京：九州出版社，2005：8.
② 中国共产党第十六次全国代表大会文件汇编 [M]. 北京：人民出版社，2002：38.

第二章 武术的历史使命——弘扬民族精神

文化是一个民族屹立于世界的标志，是民族身份的标志。在文化霸权和文化侵略的时代，我们应该建立起民族文化的保护机制，捍卫民族文化的安全，增强民族文化自身的免疫力，迎接全球范围内的文化挑战。

中华民族是一个伟大的民族，在五千年的历史演进中，孕育了博大精深的民族传统文化，哺育了历代中华子孙。

冯骥才先生认为，文化是综合国力的重要组成部分，要把坚持与培育民族精神与思想道德建设作为今后文化建设的主要任务，使我们更加明确精神文化在国家的综合国力中的重要位置，以及在全球化时代加强民族精神具有深远的意义。这也是对先进文化方向的具体化的阐述，使人感到目标明确，思路清晰。

诺贝尔奖获得者杨振宁先生在山东大学讲学时谈到，"漫长的20世纪，留给中国屈辱的过去，也磨炼着中国文化的韧性。中国的小孩子和美国的小孩子相比，也许缺少了创造、过于听话，但勤奋、有耐性，能忍耐才能有韧性。正是依靠这种坚忍不拔的精神，中国在艰苦的条件下依然能创造'两弹一星'的辉煌，能在20年间创造出今日的经济大发展。"[1]

博大精深的中华文明铸就了民族精神宽广的兼容胸怀。在漫长的历史进程中，中华文明吸纳了许多外来文明、外来民族的东西，它不但没有停滞和退后，反而进一步强大和壮实。民族精神不是一个封闭的体系，而是开放的，它必须与时俱进、不断创新，要立足于中华民族的传统文化，还要不保守，不拒绝人类文明的优秀成果。

民族精神凝聚了整个民族的力量，它能够激发强烈的民族归属感和向心力。民族精神强调民族的共性，能够使每一个民族成员认识到自己是所在民族群体的一员。这种民族归属感能够激发人们对民族做出贡献的情感和责任，从而自觉地维护民族的利益。在中华民族的历史上，出现了许多民族英雄的经典事迹，如"张骞出使西域""苏武牧羊"等，他们之所以能够克服艰难险阻，忠心不变，最终回到自己民族国家的怀抱，都在于他们在精神上、心灵中始终不渝地存有强烈的民族归属感。人类社会的历史进程证明：没有强大的物质力量，一个民族不可能自尊自立自强；没有强大的精神力量，一个民族也不可能自尊自立自强。千百年来，中华民族"自强不息"的民族精神，激励和推动着中华民族进取奋进，创造了优秀灿烂的历史和文化，塑造了今

---

[1] 王禹涵. 杨振宁畅谈民族精神激发大学生爱国情怀 [N]. 中国青年报，2004-11-17.

天走向世界的中国,为人类文明做出了不可磨灭的贡献。

第二节 武术中所蕴含的民族精神

弘扬民族精神是需要载体的,那么对于民族文化中的特色项目的传承就不容忽视,需要在各学科中有机融入民族精神的内容,从而把民族精神潜移默化为广大青少年的精神支柱。如何将民族精神纳入武术教育之中,通过习武者的身体运动来培育民族精神,是当前武术教育所面临的重大课题,也是武术教育的历史使命和重任。武术是典型的民族传统体育项目,闪耀着民族传统文化的光芒。历来习武者强调武术传授的道德化,使自己的技艺和德育教育有机地结合起来。"武术作为一项民族传统体育,在其发生发展中也渗透着中国的传统文化,受到中华民族精神的滋养,散发着民族精神的脉动"[①]。因此,从文化战略的高度来认识当代武术教育的价值定位,把武术作为弘扬民族精神的文化教育资源,也是在新的历史形势下武术教育大有可为之处。

武术的经久不衰,能历经数千年而流传,主要原因是它体现了中国文化的基本精神,具有健全的教育功能。金恩忠在《国术名人录·自序》中指出:"技击之道,代有名人,而邪正有异,贤愚不同。或优游林泉,笑傲风月,此武之清也;或导引吐纳,功戏五禽,此武之道也;或冲锋陷阵,舍身为国,此武之大者也;或来往尘世,安分守己,此武之隐者也;或激励后学,发扬国光,此武之任者也;或任侠尚义,喜雪不平,此武之正者也。"武术对人的意志和行为会产生不同的影响,但可以肯定的是大都是积极而良好的作用。

以爱国主义为核心的民族精神是中华民族的宝贵传统,是国家凝聚、发展的基石,也是一个国家公民最基本和最高尚的道德要求。2001年9月,中共中央出台的《公民道德建设实施纲要》提出:"要引导人们发扬爱国主义精神,提高民族自尊心、自信心和自豪感,以热爱祖国、报效人民为最大光荣。"

从先秦到如今,不少先贤时俊都提出了许多有关"忠""公"为国的至理名言,如"天下为公"(《礼记》),"孝、敬、忠、信为吉德"(《论语》)等,表现了胸怀天下的信念。这种信念,经后世的不断充实与提高,到了宋

---

① 邱丕相,戴国斌. 弘扬民族精神中的武术教育 [J]. 哈尔滨体育学院学报,2005(4):1-3.

代范仲淹的"先天下之忧而忧,后天下之乐而乐",明末顾炎武的"国家兴亡,匹夫有责"以及毛泽东的"江山如此多娇,引无数英雄竞折腰",其中的爱国主义思想境界得到了进一步的升华,成了千古颂唱的名言警句。岳飞的精忠报国,抗击金军;文天祥的"留取丹心照汗青",宁死不降,慷慨就义;林则徐的"苟利国家生死以,岂以祸福避趋之",虎门硝烟,震惊中外。这些都是英雄主义和爱国主义思想的典范,是民族精神的浓缩和彰显。

关于爱国主义和自强不息在武术和武林人物中的体现,历史上有许多可歌可泣的故事。我们在武术教育的过程中,把这些鲜活而生动的故事讲述给学生或者印发成小册子,可以使学生了解到武术中爱国、自强、宽容、和谐的民族精神,不但可以学习到武术的技术内容,还能从这些故事中受到熏陶。

一、对兼容精神的追求

兼容并包是传统武术发展过程的重要文化特征。众所周知,在1983—1986年的传统武术挖掘整理的成果中,就套路而言,自成体系的拳种就多达129个,器械套路近5000种。尽管这些拳种和器械套路在运动形式上存在着这样或那样的差异,但传统武术能够历久弥新、派别林立、多种流派技法并存,其奥秘就在于武术文化所蕴含的"兼容并包"文化发展环境。中华武术的发生和发展是一个动态过程。在这个过程中,它作为中国文化的一个有机组成部分和独特表现形式:一方面,跟中国的释道玄儒、政治伦理、兵农医艺等相互联系、相互作用,共同组成绚烂多姿的中国文化整体;另一方面,从一个侧面反映出整个中国文化的基本特征。中华武术源远流长,其中融合了中国的哲学、医学、兵法、技艺、教育、美育等,表现出博大的兼容精神。它在思想伦理上汲取了儒家"仁义",强调社会责任感和人本位的思想以及道家崇尚自由,墨家崇尚武功,佛家主张众生平等、爱人如己、劝人为善和提倡勇猛的思想;它在技击理论和方法上又汲取了中国兵家、医家、道家、佛家、杂技的一些思想和方法。由此而表现出一种守内,崇实、尚礼和自娱、修性、保身的鲜明民族特色以及兼收并蓄的博大精神,中华武术特别明显地表现出这一点,在明清时期和"五四"运动以后尤其是这样。一批武术家无论在理论和技术上都兼容并蓄,提炼、完善自己的武学体系。例如,近代的马凤图自称"三艺老人",把武艺、医道和书法融合在一起,提出"大通备"的武学理念;孙禄堂以形意拳为根基,吸收八卦掌和太极拳的特点,参照古代导引、吐纳和易理,创造了"孙式太极拳";陕西红拳也是这样的典范,吸收了"山东的打法,河南的跑法,江南的身法,湖北的刁拿",成就了陕西红拳磅礴的技术体系。

正是历代拳家这种兼容的精神和气度，才使得中华武术有了丰富的技术体系和纷至叠呈的流派。拳谚讲"一处磕头，百处学艺"，崇尚艺综多家，融会贯通，不保守、不狭隘。归根到底是武术发展过程中各团体、宗族、派别之间相互融合、共同进步的结果。这充分显现了中华武术"兼容并包"的文化发展特征。

二、对真理和独立人格的追求

陈雁飞教授认为，"要认识和掌握中华武术，必须有执着的穷尽其理的探索精神和人的独立性格。"[①] 中国历来就不乏在生命中追求真理，在真理中追求生命的精神。孔子说："朝闻道，夕可死矣。"这里的"道"，据朱熹的注解，就是"事物当然之理"，也就是我们今天所说的真理。

武林人士自古以来追求真理的事迹屡见不鲜。明代的抗倭英雄戚继光是一位终生追求真理的军旅武术家，他信奉"既得艺，必试敌"，探索武术的技击精妙，苦心钻研各家拳法、枪法，又从倭寇吸收了倭刀的技法，不断丰富和完善自己的武艺体系，训练士卒，还把自己一生的武艺和练兵心得收入《纪效新书》。江苏昆山的吴修龄也是一位积极探研古典武艺的武术大家，对战阵枪法穷其奥妙，融入毕生心血，又师从渔洋老人习双手剑法，融入枪法和双手刀法之中，著成《手臂录》，成为后世武术家研习枪法的圭臬。

古时的英雄荆轲也是一位追求真理和独立人格的侠士。荆轲刺秦，是中国历史上最悲壮的英雄故事。他是以必死的决心来不辱使命的，这已经成为一个典故在古代诗词中被反复颂扬。辛弃疾在《贺新郎》里说："易水萧萧西风冷，满座衣冠似雪。正壮士，悲歌未彻。"近代爱国僧人苏曼殊有诗歌："海天龙战血玄黄，披发长歌揽大荒；易水萧萧人去也，一天明月白入霜。"

近代爱国英雄谭嗣同是一位追求真理和独立人格的典范。在"戊戌变法"中，谭嗣同的父亲曾经劝他说变法成功的可能性很小。变法失败后，他的朋友梁启超和大刀王五都劝他逃走，他至少有三次机会可以选择全身而退，但他没有选择离开。他说："各国的变法，没有一滴血不流，就能成功的。今日中国还没有听到有因变法而流血的人，这也许是我们祖国不昌盛的原因。那么，为变法而流血牺牲的事，就从我谭嗣同开始吧！"[②] 谭嗣同的绝句"我自

---

① 陈雁飞. 中国学校武术教育[M]. 北京：北京出版社，2005：78.
② 沐欣之. 中华美德书[M]. 北京：中国言实出版社，2006：330.

横刀向天笑,去留肝胆两昆仑",显示了他一生追求真理和独立的精神。

太极拳在推手中讲究"舍己从人""随曲就伸",在演练中注重"和谐",其实本身是一种对自然和人生真理的追求和探索,在这种探索的过程之中不断塑造自己独立的人格。这也是太极拳和中华武术奥妙无穷的原因之一。

三、对爱国情怀的塑造和阐扬

中国共产党第十六届四中全会明确提出:"加强理想信念教育,弘扬以爱国主义为核心的民族精神。"中华民族是富有爱国主义光荣传统的伟大民族。在中华民族悠久历史文化基础上产生和发展起来的爱国主义精神,从来就是推动祖国历史前进的一种巨大力量,是动员和鼓舞人民团结奋斗的一面旗帜,是各族人民共同的精神支柱,在维护祖国统一和民族团结、抵御外来侵略和推动社会进步的过程中发挥了重大作用。现在,我国人民正在进行社会主义现代化建设,这是一项前无古人的宏伟事业,它给传统的爱国主义赋予了崭新的时代内容。在新的历史时期,大力弘扬爱国主义传统,加强爱国主义教育,用爱国主义这面旗帜引导全国各族人民,激发人民热爱祖国、建设祖国的热情,树立民族自尊心、自信心和自豪感,增强民族凝聚力、向心力,抵制各种民族虚无主义,是十分必要的。因此,在建设中国特色社会主义的过程中,爱国主义占据着十分突出的地位,起着特别重要的作用。

当武术文化把爱国主义当作它的精神最高层次时,它就是同其他传统文化的精髓融合起来,从而反过来促进民族精神的形成和发展。在中华武术史上,很多习武者(无论是武技高超的还是普通的习武者)都是以国家和人民的利益为首要目标,他们为保卫祖国和民族的安危不谋私利而秉存大义,不畏强暴而以鲜血和生命捍卫民族的独立和国家的完整。[①]

南宋的抗金英雄岳飞武艺高强,他之所以被后世传颂是因为其一生坚守"精忠报国"的信念。建炎三年(1129年),金将兀术率金军再次南侵,杜充率军弃开封南逃,岳飞无奈随之南下。是年秋,兀术继续南侵,改任建康(今江苏南京)留守的杜充不战而降,金军得以渡过长江天险,很快就攻下临安、越州(今绍兴)、明州等地,高宗被迫流亡海上。岳飞率孤军坚持敌后作战。他先在广德攻击金军后卫,六战六捷。又在金军进攻常州时,率部驰援,四战四胜。次年,岳飞在牛头山设伏,大破金兀术,收复建康,金军被迫北撤。从此,岳飞威名传遍大江南北,声震河朔。七月,岳飞升任通州镇抚使

---

① 陈雁飞.中国学校武术教育[M].北京:北京出版社,2005:77.

兼知泰州，拥有人马万余，建立起一支纪律严明、作战骁勇的抗金劲旅"岳家军"。岳飞有一句名言，"文臣不爱钱，武臣不惜死"，这样国家和民族才会有希望。历史是最终的裁判，岳飞的英名和事迹被千古传颂，而那些出卖国家和民族利益的人，却落下千古骂名。

文天祥面对利诱，留下了"人生自古谁无死，留取丹心照汗青"的爱国主义的千古绝唱。明朝抗倭英雄戚继光自幼习武，他不但是一位对后世武术影响巨大的军旅武术家，还亲自组织"戚家军"，南征北战，终于完全平息了明朝延续了二百多年的倭寇之患。他写下的"封侯非我意，但愿海波平"的诗句显示了抗击倭寇的决心。近代以来，在西方列强蹂躏中国的时刻，许多武林豪杰纷纷挺身而出，为国家和民族的利益抛头颅，洒热血，如冯三保父女、"鉴湖女侠"秋瑾、武术名家霍元甲、王子平、韩慕侠、蔡龙云等。精武会会歌甚至还写道："国不强兮报毁灭，人不强兮难自立，振奋精神，锻炼筋骨，充我知能，坚我魄力！百练此身如钢铁，任何威武不能屈！大家齐前伐，历行三达德，起民疲！培国脉！大家齐努力，发扬'精武式'卫黄魂！"民主革命的先驱孙中山先生把武术精神归纳为"以振起从来体育之技击术，为务于强种保国有莫大之关系推而言之"的"尚武精神"。沧州武术家郭长生在抗日期间，宁可在家赋闲，靠咸菜窝头度日，也毅然拒绝为日本军人教授苗刀，其爱国情怀和武林风骨在沧州传为佳话。

四、对自强不息、刚健有为的追求

练习武术需要坚持不懈，如果"三九"严冬和"三伏"盛夏也能做到坚持不辍、持之以恒地练习武术，则自强不息、刚健有为精神便有了保障。利用严冬和酷暑对身体的影响进行锻炼，能获得多种锻炼效果。首先，能培养人的毅力和恒心。然后，能提高身体抗寒御暑、适应自然变化的能力。最后，夏日气温高，进行柔韧和技术练习，能收到较好的效果；冬日气温低，进行力量、耐力等练习，能收到较好的效果。可以说自强不息精神一直是武术人必须秉承的一种美德，只有这样，才会在武术上有所成就，体悟到武术的精义。在武林中有许多这样的故事，如"闻鸡起舞""纪昌学射"等。

第三节 中华武术的教育价值和历史使命

一、武术教育的合法性探讨

武术进入学校的理由是什么？对此，人们进行了不同的求解。第一，武术是不同于体育的另一类身体活动方式。对此，民国社会精英将武术与体育进行了比较。其实这一理由不足以支持武术进入学校，因为体育在其发展中已经形成了各种各样的身体活动方式，也拥有锻炼各种身体素质的运动项目。第二，武术是不同于体育的民族传统体育项目。

我们认为，武术教育的合法性在于武术不仅仅是一项身体活动，武术与体育的区别或体育无法在身体活动方式上掩盖武术的地方，是武术不同于体育的民族性和文化性，武术教育的合法性在于其民族性和文化性。因为，单就身体活动方式而言，体育在方法体系和对身体不同部位以及不同功能的开发上都可谓应有尽有，这样在学校体育教育系统中也就没有添加另一种身体活动方式的必要。或者说，作为另一种身体活动的武术也只能作为体育的补充，不仅无法真正发展自己，也无法实现与体育的对话与交流。那么，武术的文化性中有哪些民族性？又怎样服务于教育？如何体现其中的文化性和民族性？这些问题有关武术教育的民族性和文化性，都是武术教育还没有解决的问题。一方面，是武术教育发展大环境的作用，在武术现代化或武术教育现代化过程中，我们自觉或不自觉地从体育视角对武术进行了阐释。这种解释是必要的，也是有益的。但问题是这一解释也是需要付出代价的，就是在这一解释中，武术的民族性变得模糊了，武术的文化性被冲淡了。另一方面，是我们的理论研究和实践也没有跳出武术视野，武术技术范围不仅在武术文化性和民族性内容的探究上没有形成明确而有说服力的内涵，而且在教育的操作层面上也没有建构具体而有效的措施，即形成一套具有丰富文化性和民族性的教学方法体系。也就是说，如果武术教育的合法性在于其民族性和文化性的话，那么武术教学就要实现由技术教学向武术文化教学的转变，使学生在身体活动中体验到中国传统文化、领悟到武术中的民族精神。为了实现武术教育实践的全面革新（文化教学的转变），我们必须做好三方面工作：一要加强武术文化研究；二要进行武术文化教育的研究；三要加强武术师资、武术文化教育培养。

二、武术的教育价值

武术中孕育着丰富的民族文化和民族精神素材，尤其是对广大青少年的教育是具有很高的价值的。"武术的魅力不仅在于武术技艺本身，更重要的是渗透在武术之中的几千年深厚积淀的中华民族优秀文化和博大精深的中华民族精神"①。岳飞的"精忠报国";文天祥的"人生自古谁无死,留取丹心照汗青";戚继光率领"戚家军"抗击倭寇;霍元甲面对外国大力士的挑衅,毅然迎战;29军的"抗日大刀队"让日军闻风丧胆;蔡龙云以15岁的小小年纪打败了美国拳击手,一生献身武术教育事业,被上海的新闻媒体称为"活着的霍元甲"……这些爱国武术家的故事被历代颂扬,经久不衰。近半个世纪以来,中国功夫片热潮未减,霍元甲的故事不断被搬上银幕,虽然多次翻拍,却没有降低观众的热情。20世纪80年代,香港电视剧《霍元甲》主题歌《国人当自强》激励了一代中国人的成长,让人们在霍元甲的爱国情怀中受到感染。之后,李连杰主演的《霍元甲》全球走红和郑伊健、陈小春版的霍元甲再度受到热捧,说明爱国精神是功夫片永恒的主题。武术人不仅有在国难当头当仁不让的风骨,有"如常山蛇首尾相顾"的多变招式,更有"止戈为武"的气度,把本来是"嗜血"的格斗技艺融入中国文化特色,讲求"点到为止",从而衍生出了体现中国人技击思维的太极哲学,在"舍己从人"和"随曲就伸"中玩味技击的招法和分出胜负的雅趣。武术的招式中体现了中国传统文化的内涵,让习练者在一招一式中体悟中国文化的精深独到,从而起到潜移默化的教育作用。八极拳和太极拳的名字就有很深奥的文化意蕴,还有西方拳击中的"直拳",中国拳法称之为"撑拳",从技术规范到劲力要求都显得厚重了许多,有一种意念的渗透和直来直往的简洁,更不乏任意出击的洒脱,在劲力饱满与迅猛快捷中伺机而发。一个流传下来的古典传统武术套路,往往凝结了几代人的心血和智慧,里面有许多耐人寻味的情节和传奇,也体现了古人对武术的尊重和严谨。

  武术教育中对"武德"的强调充分体现了武术的教育价值,因为它把对道德的规范和约束融入习武者的日常生活,贯穿习武过程的始终。"武德"中仍然有许多积极的成分值得今天的青少年学习和继承。《史记·太史公自序》中写道:"非信廉仁勇,不能传兵论剑,与道同符。"接着又写道:"内可以治身,外可以应变,君子比德焉。"司马迁把"德"放在与"道"同等重要的位置,可见"德"对于一个习武者的重要性。他明确指出习武者所蕴含的人文精神和社会教化功能,"这种观念对后世产生了深远的影响,后来的中国士

---

① 邱丕相,戴国斌. 弘扬民族精神中的武术教育 [J]. 哈尔滨体育学院学报,2005(4):1-3.

人往往书剑并举,以剑比德,显然是太史公这一理念的延续"①。大凡传统武术流派,都对本门派的弟子有不同的道德约束,有的甚至要经过长期的品格考验才能成为本门派的衣钵传人。诚信也是习武者视为生命的准则,"言必信,行必果",崇尚重信轻诺,是"传统武术练习者乐意接受的职业形象。言而无信的小人,即使武功高强,也是为传统武术的习练者们所不齿的"②。"武德"中的内容更多是来自传统文化的典籍注解,是"武"文化和"文"文化的有机结合。习武者对武德的尊崇与敬重实际上是对中国文化的一种敬畏,从而心甘情愿地受到这种文化的束缚和制约,也愿意接受在这种文化背景下的道德和价值评判。

三、武术的教育使命

从1916年武术开始进入学校以来,一直承担着与其他体育项目一样的角色,只是强调了武术是中国的"民族传统体育项目"。但和日本把武道教育纳入国民教育体系之中以及韩国把跆拳道作为"国宝""国技"相比,我们对武术的教育价值还是有所忽视的,需要重新思考和认识中华武术的教育价值。在文化全球化的今天,武术是一种文化资源,汇聚了中国传统文化的精粹和彰显着中国文化的基本精神。武术也是一种教育资源,作为独有的民族传统体育项目进入学校,可以让青少年在身体运动中感受到民族文化的厚重,接受这种文化的熏陶,去体悟"技术后面的文化"。2004年3月,中宣部和教育部联合下发了《中小学开展弘扬和培育民族精神教育实施纲要》,其中提到在中小学的体育课中要适量增加中华武术的内容,而且要增加武术课的比重。武术界的学者开始关注武术教育问题,对学校武术教育中存在的问题进行了探讨和研究,教育部和国家武术主管部门也认识到当前学校武术教育的严峻形势和武术教育在传承民族文化、弘扬民族精神、捍卫民族文化安全方面的作用。2004年底,教育部开始实施体育、艺术"2+1"工程;2005年初,国家体育总局武术研究院成立"关于学校武术教育改革和发展的研究"课题组;2006年7月,在上海体育学院召开"全国民族传统体育专业论坛会议";2013年,国家教委办公厅印发《学校民族传统体育工作研讨会会议纪要》的通知;2014年,全国群众体育工作会议在北京召开;2018年,国家体育总局、国家民委印发《关于进一步加强少数民族传统体育工作的指导意见》的通知……

---

① 马明达. 说剑丛稿 [M]. 兰州:兰州大学出版社,2000:3.
② 乔凤杰. 中华武术与传统文化 [M]. 北京:社会科学文献出版社,2006:208.

以上这些举措强调了新的历史时期武术的教育价值和使命。

　　飞速发展的时代和全球化的历史进程使得我们无法回避多元文化的冲击，文化安全的危机也使我们难以轻松，在这场"文化保卫战"中，武术也应该承担起新的历史使命。只有深入挖掘、开发武术的教育价值，不断赋予武术新的文化内涵，使武术教育适应当前时代发展的需要和广大学生的思想和身心发展特征，武术在学校才不会被拒绝，才可以在已经成为时尚的跆拳道大兵压境的形势下，显示出中国文化的兼容气度和融会贯通的风范。当然，我们也看到当前武术教育所面临的严峻形势和岌岌可危的存亡之争。学校武术"无人教、无人学"的局面难以让每一个武术人乐观，长期以来学校武术竞技化的倾向和缺乏攻防技法的教学模式让许多学生纷纷投向跆拳道和空手道的学习。因此，学校武术教育必须改革，要与专业的竞技武术模式相区别，注重传统武术的技法，融入文化内涵和礼仪、品位，这样武术教育才能真正承担弘扬民族精神的历史使命。

　　文化的全球化是双刃剑，带来福音的同时，也有陷阱。文化安全是经济、文化全球化带来的必然问题，一味地守让并不能取得民族文化的安然无恙或者偏安一隅。面对强势文化的入侵，怯弱、投降只能导致民族文化的毁灭乃至民族精神的消亡，带来的是民族的衰落。在文化安全成为时代主题的时候，从本民族的文化中寻觅、提炼那些能代表本民族精神和灵魂的内容，配置最佳的载体，来传承民族文化、弘扬民族精神，才能取得本民族的文化安全。

　　文化安全归根到底是对民族文化的保护和传承，以免民族文化流失和消亡。现在世界各国的民间传统文化都存在生态破坏和失衡的问题，这引起了政府和民间组织的关注，采取了一系列抢救保护措施，包括申请非物质文化遗产保护。对于文化的传承，模式和载体至关重要，我们需要探索在文化形成过程中，那些在今天看来似乎不合时宜却又不可或缺的成分，如师徒制。因为，技术性的东西可以随着科技的发展而日新月异，但文化的传承，常常需要情感和岁月的点滴积累。

第三章　武术的文化意蕴和道德规范

中华武术博大精深，源远流长，它在数千年的发展过程中深受中国文化的熏陶和影响，已经由一门简单的实用技击术发展成为独具文化特色的民族瑰宝，如同中医、戏曲、书法、国画一样，是中国传统文化的载体，蕴含浓厚的文化特色。

第一节　武术文化的内涵

一、武术中的哲学观

（一）武术重德的人道哲学

1. 秉承、重释与发展了中华传统伦理的哲学

中华武术自产生以来，就被纳入中国伦理之道。在中国古老而独特的伦理思想的哺育与规范下，形成了武术之人应当共同遵循的道德规范，这就是中华武术的一个重要内涵——武德。作为中华武术伦理观的核心，武德不仅具有个人体现武术伦理规范的主体意义，还包含了在整个武术社会活动中人际关系的内在秩序，即注重在武术活动以及参与其他社会活动时的秩序规范。它是经武林先辈长期的社会实践而创造和总结出的光辉灿烂的古代精神文明的精髓，积累和凝练了丰富的武术伦理道德思想，构筑了中国传统武术文化的核心。历经一次次的过滤、承接和改造，以一种"下位层次文化"即俗文化的积淀、社会意识的潜流，渗透于中国文化的深层结构中，同人们的生活方式、思维模式、行为标准、道德情操、审美情趣、处世态度与风俗习惯融为一体。作为传统社会武术群体中产生的道德现象，它是习武者的共同信仰，调节、规范与塑造着习武者的行为、思想乃至灵魂。它秉承着中华民族传统道德观念和价值原则，历经几千年的秉承、重释与发展，形成从择徒拜师、习武练武，到人生追求的一个繁杂的道德体系，广泛运用于习武、用武及日常生活之中。

2. 知行合一的伦理人际哲学

知行问题是一个认识论的问题，但在中国传统哲学中更是一个伦理道德问题。在中国传统哲学中，如果认识论不与道德修养结合，便很难成为哲学的一部分流传下来。德国心理学家勒温认为，各种力之间的冲突与协调构成的生活空间的紧张或平静，造成了个体和环境之间平衡的状态。由于各种力之间的矛盾和冲突形成不平衡状态，个体行为必须以"知"和"行"的统一为前提。从孔子起就把能否言行一致视为在道德上划分君子与小人的一个标准，"君子耻其言讨其行"。孟子讲"良知""良能"，虽"恻隐之心"为先天所固有，但如成为道德的仁、义、礼、智，则须"扩而充之"，即通过道德实践方可达到。荀子强调"行"为"知"的目的，但同时也承认"知"对"行"有指导作用，作为圣人必须"知行合一"。宋儒程颐虽主张"知先行后"，但在道德修养方面则认为"知而不能行，只是未真知"。所以黄宗羲说："伊川先生已有知行合一之言。"朱熹虽然继承了程颐"知先行后"说，但他特别提出"知行常相须"，其理由是"论先后，知为先，论轻重，行为重"。朱熹之所以重"行"，则是因为他把"知"与"行"的问题从根本上视为道德问题。至于王阳明的"知行合一"学说，从认识论方面看或可说他"销行归知"，但从道德修养的层次上看，强调"知行合一"不能完全否定。到明清之际，王夫之虽主张"行先知后、行可兼知"，但他在讲道德问题时，仍主张"知行合一"，提出"知行相资以为用"。知行之所以须并进，就是因为知行归根结底仍是道德修养问题，所以他说："圣人诚明合一，则其知焉者即行焉，行焉者咸知矣。"这是中国传统哲学中做人的道理。由此可知，中国传统哲学中的重要哲学家在道德修养问题上，大都持"知行合一"之说。

3. 以礼为先的人道处世哲学

中华武术精神最初的也是最重要的形态是各门派必守的武德。武德是中华武术的重要内容。《左传·宣公十二年》提出武德有七："禁暴、戢兵、保大、功定、民安、和众、丰财。"

《春秋谷梁传》认为习武者必须"德、技"兼备。《武技书》《太极拳谱跋》中都对武德作了规定。武术界与民俗中将不讲武德的人视为可恶者，并极力赞扬德高望重的武林高手。例如，宋代爱国将领岳飞、文天祥，清代韩慕侠、程延华、张占魁、孙福全等人均被世人视为武德的楷模。

在武术门派中均有"未习武者先修德""短武者不可与之学""丧理者不可与之教"的格言。《少林戒约说》提出："习武者以强体魄为要旨。"倡导

第三章 武术的文化意蕴和道德规范

济危扶贫,匡扶正义,不可逞强凌弱。武德修养以礼为先,"未曾学艺先识礼,未曾习武先明德"是中国武师授徒时的常用语。"礼"在中国含义颇丰,其中之一是泛指古代社会道德规范。孔子在《论语·为政》篇中讲"道之以德,齐之以礼",把德与礼连在一起,是指社会道德规范。当今讲武德修养要以礼为先,旨在倡导习武者要有高尚的道德品格,以文明礼貌待人处事。自中国武林推崇"武以观德""尚德不尚力"的道德观念以来,几乎各个流派都开宗明义地强调了武德。这同中国是个重伦理的国家不无关系。

我们认为,武术重德还有其自身的特殊需要。纵观武术的起源与发展,在相当长的历史年代,武术同人与自然的搏斗,同敌对双方的作战行为密不可分,动起手来就要打败对手,制服对手,甚至杀死对手。例如,一些武侠小说中所描绘的刀光剑影,血肉横飞,虽然是文学创作笔法,不失虚构夸张之词,但从一个侧面反映了古代武术是具有杀伤力的。所以,习武者重视武德修养。进入现代体育领域的武术运动,仍然需要发扬传统武德中所具有的爱国、正义、守信、重义、有礼等思想,遵循奥林匹克精神和现代科学文明,使武术充分体现现代体育文明和体育道德。

(二) 武术求善的生命哲学

1. 善与仁融合的哲学思想

中华武术自诞生起,就有着浓厚的道德色彩,特别是儒家的伦理道德观。儒家思想的核心是"仁",而中华武术大量的文献均显示出以"仁义"精神为核心的武德伦理思想。少林宗派《拳经拳法备要》强调:"道勿乱传。百般砥砺始能成,费尽精神用尽心。卫国保身方可用,操强逆理莫欺人。贤良密授于危国,邪妄休传害众生。大道等闲若轻授,须防九族尽遭邪。"《短打十戒》亦强调:"强横不义者不传,强横则为乱,无义负恩。"[1] 即使是不同的武术流派,武术的"仁义"思想均对授徒择人有严格规定。苌家拳《初学条目》规定:"学拳宜以德行为先,凡事恭敬谦逊,不与人争,方是正人君子。学拳以涵养为本,举动间要心平气和,喜气迎人,学拳宜做正大事情,不可持艺为非,以致损行败德,辱身丧命。"[2] 这些规定对习武之人的德行要求是十分正确的,且各门派均是如此。因此,中华武术的"仁义"观集中反映了中华民族善良、诚朴、热爱和平的美德,可以说是善与仁的融合,是一门求

---

[1] 武术百科全书.[M].北京:人民体育出版社,1995:7.
[2] 周伟良.中华武术史[M].北京:高等教育出版社,2003:2003.

善的生命哲学。

2. 善与美融合的哲学思想

善是人们在实践活动中所追求的有用或有益于人类的功利价值。美是善在实践中的形象体现，即美不是在善之外附加上去的东西，而是善在实践中的生动显现。因此，在中国传统思想中，美和善往往是联系在一起的，"强调美与善的统一，真与美都包含在善之中"，是中国古典哲学的基本特征，而武术由一门杀人的技艺变为惩恶扬善、除暴安良、去邪扶正的教化手段，形成了一整套维护社会安定、减缓社会矛盾冲突的"武德"。

中华武术不主张主动出击，而认为自卫防身、后发制人更能表现美德，即善。古代人道主义精神的渗透，不断削弱其功利价值。同时，美善统一、德术并重，也促进了武术套路的大发展，使得中华武术在世界格斗术中具有最高的审美价值。中华武术以技击为核心，在技击的基础上实现社会与个人的目的和需求。当技击与社会及个人的目的、需要完美地结合起来而掌握真与善的本质力量，通过武术这一具体而又光辉的形象显示出来时，武术自然就进入了美的境界，继而最终达到尽善尽美的精神境界。

（三）武术求和的发展哲学

1. 天道、人道、武道的和谐相生构建了拳道之理

武术是中国几千年文化的缩影，是灿烂传统文化的一部分。任何文化的创始与由来、生存与发展无不受制于一定的地域与民族的价值观的统摄与支配，也就是无一例外地要受到哲学思想的影响和化通。中华武术也是如此，在中国古代哲学思想的熏陶之下，形成了自己独有的哲学内容，既反映了中国哲学的奇光异彩，也构造了具有哲理的武术文化。

古人强调"天道"和"人道""自然"与"人为"的相通、相类和统一。这种朴素的"天人合一"的哲学观统载了武术哲学的主体，构成了武术哲学的半壁江山。这种思想使人与自然形成了亲近、和谐的关系。真理在人与自然、社会的矛盾斗争中产生，习武之人从人与大地的关系及相互运动中悟得武技的本质。世界、人、大地的一显一隐、一开一闭，他们的统一和合构成武术宁静的自持；天道、人道、武道是作为一个完美形象作品的原始要素，它们的和合反映出了真理的整体面貌与意义。建立天道与武道的和谐关系，就是通过武术的持久习练来保持人与自然之间的平衡与协调，形成人与自然和谐的价值取向和思维模式。

海德格尔认为，世界与大地的对抗与统一构成了艺术作品，而后者是世

界与大地的承受者与体现者。同样如此，武道与天道的融突求和是对"生存空间"的双重建构，这种建构后来发展成为"天、地、人、武"的四重建。武术理论统称这种"天道"与"人道"为"天人和谐"。武术是人体的艺术，人体自身的运动与宇宙自然运动有着内在的紧密的联系，要达到武术的目的，必须达到与宇宙自然的和谐统一。"顺应自然规律是武术的主要原则，是武术的拳道之理"，即武术通过顺应自然规律，寻求与建构自身的拳道之理。

2. 阴阳求"和"构建了武道辩证的哲学原则

古语云，"天下之治道有二：'曰德，曰威'；天下之学术有二：'曰文，曰武'"。一文一武虽不同功，然却同理，故于武术之中同样不可离乎阴阳，况武术运动皆系由蹿蹦跳跃、进退起落、伸缩吞吐、左旋右转等多种动作和姿势所组成。在这些运动之中均无一不有阴阳之互易，更无一不有阴阳之分合。在中国文化史上，较早使用阴阳思想描述技击制胜之道的是庄子，《庄子·人间世篇》有云："且以巧斗力者，始乎阳，常卒于阴，泰至多奇巧。"到清代以后，阴阳哲学在武术理论中逐渐深刻和系统化。阴阳哲学在《易经》中得到充分阐述，阴阳对立统一的朴素辩证法思想演绎了一系列对立概念。动静、虚实、刚柔、开合、进退、内外、起伏、显藏、攻守等在武术理论与技术中得到极为广泛的应用。《拳经》中说："天地相合能下雨，拳之阴阳相合方能成其诀；拳之大要，重在阴阳。"从而充分说明阴阳在武术的攻防技击之中，实为变化之根本、技巧之源泉。

3. 武术从内外相合中体现了阴阳相合的哲学思想

武术既讲究形体规范，又追求精神传意、内外合一的整体观念。"内"即心、神、意、精等心理活动和气息运行。"外"即手、眼、身法、步等形体活动的表现。"合一"就是内与外形成有机联系的整体，达到形神兼备。例如，长拳的"外练手眼身法步，内练精神气力功"；太极拳的"妙手一运一太极，太极一运化乌有"；少林拳的"外练筋骨皮，内练一口气"；形意拳的"形断意连，以促使动作贯穿完整、一气呵成"，均体现了炼精化气、炼气化神、化神还虚的境界。高水平的武术套路演练要求把内在的精、气、神与外部的形体动作紧密结合、浑然一体，从而达到心与意合、意与气合、气与力合，体现了"内外合一、形神兼备"的统一观。

4. 武术从虚实变换中体现了阴阳相合的哲学思想

虚实于武术之中，尤其是技击搏斗间，乃是决定胜负的关键之一。虚者为虚，虚也实；实者为实，实也虚。虚是灵敏巧妙之源，实是宏原强悍之根，两手的开合、出入的虚实、内气的上下运行、身法的左旋右转，都具备虚实变换，如太极推手讲究的"实中有虚"。陈鑫说："实中有虚，虚中有实，太极自然之妙用，至结果之时，始悟其理之精妙。"除此之外还有"示之以虚，开之以利，后之以发，先之以至"之说。总之，武术中虚实无所不在，虚实分明，又是互生，节节相连，即"非虚则变化不灵，非实则攻力不坚，非虚实兼备则无变化取胜之巧，非阴阳互易则无克敌艺术之妙"。

5. 武术从刚柔相济中体现了阴阳相合的哲学思想

"所谓刚，主要是指坚硬、强悍、干脆、果断。所谓柔，主要是指柔韧、缠绵、顺手不悖、不丢不顶、不及不离。刚者为阳，柔者为阴，刚柔既相互对立，又相依共存而不分，故无刚则柔不存，无柔则刚不立。"在武术运动中，若重柔而轻刚，必过柔而不坚，过弱而不悍，过软而不硬，从而缺乏雄悍之劲力，成为舞蹈式软拳；若重刚而轻柔，势必僵而不化，呆而不活，滞而不灵，从而呈僵死易折之病态，岂能克敌制胜。所以，有刚有柔，刚柔相济方能"刚柔相推，而生变化"，技巧乃出，制胜于人。例如，陈式太极拳讲究"显刚隐柔"，杨、吴、武、孙式以柔为主，柔中寓刚；形意拳、八卦掌的出掌要求微屈，刚中有柔，劲以屈蓄而有余；长拳则是刚柔相济，讲究寸劲中由柔转刚，从而体现出唯刚柔相推，始能变化，实为攻防之根蒂，生克为化之玄机。

6. 武术从动静结合中体现了阴阳相合的哲学思想

所谓动静，在武术中是动者亦静、静者变动，动者属阳、静者属阴、阳无纯阳、阴无纯阴、静无纯静、动无纯动，即阳中寓阴、阴中含阳、动中有静、静中藏动而相依相存。例如，《吴越春秋》中有"见之似好妇，夺之似惧虎"，杜甫的《剑器行》中有"来如雷霆收震怒，罢如江海凝清光"，正是论述剑术技击的动与静。又如，查拳强调"行如风，站如鼎"，意拳中有"动如山飞，静如海溢"，就连一气呵成的翻子拳也有"行如风雷动似涛，坐似泰岳静如山"之说。王宗岳的《太极拳论》指出，"太极者，无极而生，动静之机，阴阳之母也。动之则分，静之则合。"从武术运动的状态和运动属性来讲，"出乎为阳、收乎为阴，攻为阳守为阴，一阴一阳之谓拳"，从而揭示了武术的规律：动则生阳，静则生阴，一动一静，互为其根；动不舍静，静中含动，一阴一阳，一动一静，武术之渊源，强身健体之本原，动静阴阳岂不贵乎。

（四）武术求新与当代哲学融通

1. 武术体现了现代哲学中"普遍联系"的观点

联系是一切事物和现象之间、事物内部诸要素之间的相互作用、相互制约和相互影响，它是客观事物本身固有的、不以人的主观认识和意志为转移的。联系都是现实的、具体的。

中华武术源远流长、博大精深。所谓博大是指武术的内容丰富、拳种众多。其中，拳术中包括踢、打、摔、拿；兵器中有十八般武艺；结合气功功法又发展成为内家拳种，如太极拳、形意拳、八卦掌等；如按地域划分，又可分为南拳北腿、武当少林；还有查、华、炮、洪、翻子、通臂以及象形拳种（如猴拳、螳螂拳、鹰爪拳等）。所谓精深是指中华武术伴随着中华民族几千年的发展，历代先贤的古代哲学思想和前人总结的宝贵经验已逐步深入武学各个领域，在结合现代人的先进理念的同时不断发展壮大，逐步形成武术独立、完整的理论学说和系统的训练方法。因此，如果一个人在武术实践中，不用联系和发展的观点去看待武术实践中所遇到的问题，尤其是门派之争，则必然会走入只注重局部，而忽略整体的形而上学的门派观念歧途，从而导致这一门派的故步自封、停滞不前。

中医和武术在人们的思维中是两种不同性质的领域，两者之间没有必然的联系。然而，从医道和武道的创立和发展过程上看，它们之间是相互联系、相互促进发展的。因为，医道和武道都是在《周易》《黄帝内经》《医易》等传统哲学理论基础上形成、发展起来的，它们之间有着很深的渊源。

中医在几千年发展过程中，不但积累了丰富的经验，而且形成了一个独特的理论体系。中华武术将中医的整体观和综合观理论完整吸收到自己的理论体系中，并在实践中不断充实和发展。所谓"拳起于易，理成于医"之说，即是对这种吸收、运用的概括。中医整体观理论在武术中有着广泛的作用。中医认为，精、气、神是人体的"三宝"，也是人与自然界达到高度统一、和谐的存在方式。武术理论将传统医学的精、气、神学说运用至自己的体系之中，《易筋经》说："精气神乃无形之物也，筋骨肉乃有形之身也。"故"练有形者为无形之佐，培无形者为有形之辅"。所以，通过对筋骨肉等"有形之身"的锻炼来达到培精、调气、正神的"内外兼修"，几乎是中华武术所有拳种流派的宗旨。

2. 武术体现了"对立统一规律中矛盾转化规律"的当代哲学思想

对立统一规律是关于事物矛盾运动的规律，即承认世界上一切事物都包含着矛盾，承认矛盾双方既统一又斗争，它是唯物辩证法的实质和核心。世界上任何事物都处于矛盾之中，武术也不例外，它同样遵循矛盾转化规律。

中华武术讲究"四两拨千斤"，即用小的力去战胜大的力，这其中包含了矛盾对立面相互转化的规律。"力大"与"力小"是矛盾的双方，按一般看法，"力大"应战胜"力小"。但中华武术却看到了"力大"与"力小"这一对矛盾是可以相互转化的，而转化的途径就是"用劲之通"，使"力虽小，然击于关节，效大；力虽大，而化之虚无，效小"，从而实现了"大、小"这一对矛盾的转化。具体来说，太极之《打手歌诀》有云："任他巨力来打我，牵动四两拨千斤。引进落空合击出，粘连黏随不丢顶。"太极之中，充满着这种矛盾对立面相互转化的思想。又如，太极技击系用柔力，它对任何加于我之力，抱定不抵抗的态度而给以走化，使之落空；然后引出对方弱点，运用合力的原理发力，从而收到以柔克刚、以小胜大的最佳技击效果。此外，"自然门"总口诀也称："动静无始，变化无端，虚虚实实，自然而然。"其中所包含的"因敌动态乘隙借力"的思想，也是一个将"敌之力"与"我之力"这对矛盾以"借力"方式转化的例子。

3. 武术体现了"一分为二、执两用中"的当代哲学思想

唯物辩证法要求用"联系、全面、发展"的观点看问题。其中，全面的观点是指要一分为二地看问题，不可犯形而上学的错误。中华武术中始终贯穿了"健身与自卫""攻与守""气与力"等一分为二的全面看问题的思想。例如，练"自然门"功法的万籁声老先生曾说过："自然门中充满了'一零'哲学。"自然门功法，以气功领衔，一分为二，即健体与自卫。最后又归结为养身，又是合二为一，是辩证统一的。一之屈为零，零之伸为一，故"自然门"功法行之如零形，各种动作亦如零。零为古书之灵，零亦为零，为数字中最大的，零为圆形。方而不圆，无以应强敌；圆而无方，练而无功夫。此灵又要圆，圆而又要灵，不然谓之不灵；不灵，不足以制己，亦不足以应人。

明此者，是谓得道。"道者，人生之真理也！"故曰："技也近乎通！""自然门"功法与处世同，均系自一点上起，由此一点，即成一圈。小圈而大圈，包容宇宙，无不适应，故有"环中要妙"四字诀。能明此理，通达人情物理，斯谓之自然，即自然而然，无始不终，均在一零之中。由此可见，全面的思想和一分为二的思想是贯穿于中华武术之中的。

4. 武术体现了"矛盾特殊性"的当代哲学思想

唯物辩证法中的矛盾特殊性是指矛盾的个性、相对性，是指具体事物的

矛盾以及矛盾的各个方面各有其特点。首先，不同的事物有不同的矛盾。然后，同一事物在不同的发展阶段上的矛盾各有其特殊性。最后，在同一事物不同发展过程和阶段上，矛盾的各个方面各有其特殊性，表现为矛盾发展的不平衡状况。矛盾特殊性要求人们坚持具体问题具体分析的方法，即在矛盾普遍性原理指导下，具体地分析各个不同的事物，用不同的方法解决不同的矛盾。

中华武术的制敌策略正体现了这一思想，即根据不同敌手的特点及同一敌手不同招式的特点，采取不同的回击与防御，避免了僵化与教条主义，求得了主动。中华武术的许多派别都讲究"有招无式"，也创造了不少"散手"，以便应敌时灵活使用。为了求得这种先知敌而后根据敌人具体情况采取不同措施以制敌的效果，不少派别提出了"后发制人"，如太极中的"后发先制"就是一个例子。这种"后发制人"就是先采取防御态势，待了解敌情后，再找准时机后发制人。这些蕴含"具体问题具体分析"思想的制敌之道的科学之处便在于其"有的放矢"地进行反击，而非盲目地攻击，这样既有套路之威力，又可具体攻敌弱点，可谓高明。

5. 武术体现了"量变与质变以及量质互变"的当代哲学思想

唯物辩证法告诉我们：量变是质变的前提，质变是量变的必然结果，量变发展到一定程度，便会发生质变。同时，唯物辩证法方法论又告诉我们：要注意"度"，有时须把事物的发展控制在"量变"的范围内，有时又要突破这个"度"，将之推向质变。中华武术在这个"度"上是大有讲究的。一掌、一拳的力度该用到几层，一推、一抓的程度有多深，皆有讲究。武术修养高的人，其一招一式均不轻不重，恰到好处，这正是很好地控制了"度"。譬如说，虚招的力不可大，但太小，则起不到佯攻的作用，甚至可能会立即被对方所识破。这时就要依靠发招者掌握"力度"，不轻不重，方可起到作用。而有的招式，却在于"一招制敌"，故其力须发于一瞬，如雷劈顶，用的力自然是要"奇大"，力大到一定程度，便可达到"一招制敌于死地"的质变，如太极拳中对力的"弱与强"的控制就是一个很好的例子。从柔中突出"奇力"，突破量变，达到质变，从而达到制敌的目的，使其在无意中受到重创。

总而言之，"度"的把握，使中华武术成了一件相当精致的艺术品，如一幅名画，色彩与笔法，皆恰到好处，不温不火。其实，中华武术在学习上也一直强调"循序渐进"，最终达到一个"悟"，这也是一种量质互变的思想。

二、武术中的美学观

(一) 武术文化美学溯源

中华武术源自我们远古祖先的生产劳动,在原始社会时期,由于"原始人在漫长的生产劳动过程中对自然的秩序、规律(如节奏、次序等)的了解、熟悉、掌握、运用,使外部的规律性与自身的主观性和目的性达到统一,从而产生了最早的美的形式和审美感受"[①]。当人类"在改造客观世界中自己的合目的性与合规律性在感性结构(劳动活动本身)中得到统一时,就产生了情感愉悦,这便是最早的美感"[②]。

在原始的生产劳动中,人们为了生存便以模仿飞禽走兽捕食、搏斗的动作作为打斗之法与自然界中的猛兽斗争。于是,原始的象形武术在自然条件下被创造形成。后来人们把这些动作中比较成功和优美的招式在狩猎前的祭祀活动及闲暇活动中进行表演、交流(即舞武),表演者从中获得了一种自豪感,而欣赏者不仅从中获得了技击方法,还得到了美的享受。武术之美从一开始便在这种"原始积淀"中客观存在。

人类进入阶级社会以后,武术职能开始发生了变化,由原来的生产劳动方式转变为军事训练的内容。

先秦战乱,尚武之风大盛,随着文化艺术的发展,宫廷、军中及民间武术逐步成为一种娱乐活动,武术之美悄然孕育。先秦至两汉,是中华武术作为审美对象的萌芽时期,武术作为娱乐的形式已非常普遍,这一点从"项庄舞剑"可略见一斑。儒家"仁者爱人"的人道主义思想使武术的美与善紧密结合,最终形成了传统的"武德";而道家美学提出的一系列观点直接渗入武术,使其内涵哲理深奥,外显神奇之美。可以说"外儒内道""儒道互补"熔铸出武术的审美特征。到了宋代,武术的强身自卫、娱乐健身功能得到了进一步强化,文人佩剑成为时尚。虽然元朝统治阶级禁止武术活动,但未能使武术绝迹,武术以另一种形式潜入戏曲杂剧之中,不断地发展和表现自己,以顽强的生命力不断地拓展自己的生存空间。而戏曲不仅保存了武术的精华,也增添了武术的美感,为武术的发展增添了新的活力。明清时期是中华武术的成熟时期,各派武术百花齐放、百家争鸣。这一时期,出现了很多观赏性极强的武术表演套路。此时武术完成了量的积累,呈现出质的飞跃,形成了

---

① 王洪建. 美术概论 [M]. 北京: 高等教育出版社, 1994: 25.
② 王洪建. 美术概论 [M]. 北京: 高等教育出版社, 1994: 29.

自身完整的理论体系和各具特色的表现形式。随着中华武术的不断发展，其美学内涵也不断地得到丰富和补充，它的美学特征也日益显现于世人的面前，成为中华武术具有极强吸引力的内在因素。

（二）东方美学对武术审美文化的影响

1. 注重人与自然的和谐

"美，存在于满足人对自然生命的欲望与实现社会的伦理道德要求这两者的统一，它同人的生命的保存和发展密切相关，它的运动节奏与人的内在伦理道德情感要求之间存在一致性。"[①] 中国古代哲人正是在追求不分内外，不分物我的和谐、统一；追求外在的客体世界（天道）和内在的主体世界（人道）的和谐、圆满。因此，古老的东方美学总是从人与自然的统一中去寻找美。

人与自然的关系，即天人关系。虽然传统文化中的各家各派说法不一，但是几乎普遍肯定了人与自然的统一性，主张"天人合一"。儒家认为伦理道德的规律和自然的规律存在着根本的一致性，天与人相通，天道与人道同道，二者在本质上互相渗透、协调一致。道家的顺应自然的思想，要求人与自然的和谐，人向自然回归，进入一种犹如自然的境界，融于自然之中。

中华武术追求人与自然的和谐，主张"天人合一"。武术的至高阶段是动作随心随性，出神入化，使演练者的肢体随着意念在高度规范化、程式化的套路演练过程中既自由又舒展。庄子学派的观点强调的就是人从属于自然，人生的意义和价值在于任情适性，追求生命的自由发展，武术技能的掌握便包含着对人体自然规律的了解和运用。技能的熟练程度是产生自由感的基础，技能越是精通、熟练，就越能产生自娱的效果和观赏的价值，也就越有利于获得自由创造的美感。

2. 追求内在含蓄的表现

在东方美学中，美和艺术是无法用概念来明确定义和穷尽的。正所谓"言不尽意""言有尽而意无穷"，其所追求的意境不为事物的外象所束缚，内在情感采用细腻的、含蓄的宣泄与表达方式，更多的是个体内心的体验和直观的感性。由于一直强调对现实事物的感性表现，在艺术创作中相当注重抒情写意的主观表现，十分注重意境的塑造，在审美欣赏上尤为推崇想象与情感的统一。

---

① 旷文楠.中华武术文化概论［M］.成都：四川教育出版社，1990：277.

武术之美表现出来的内在、含蓄的韵味、情趣，就如同我们面对中国的书法和山水画，鉴赏的对象抽象而精微、宽广而细腻，一切只能够依靠感性的体验和心灵的顿悟，似乎一切语言都是苍白无力的。个体内在的心灵与自然和谐、统一的美，也只有通过含蓄的方式表现才最为贴切。中华武术由于具备了博大精深的文化内涵，其美表现出含蓄的、朦胧的、抽象的、宽泛的、整体和谐的浓郁色彩，使它注定只能够通过内在、含蓄的特殊方式得以体现。中华武术具有如此丰富的文化内涵，若没有深厚的内在自我修养是很难把握的。

3. 强调美与善的统一

东方美学历来强调审美对象在伦理道德上的感染作用，始终以美善统一作为根本性的主题。这使得东方美学经常把审美和人的高尚精神品质和情操相联系，要求审美具有高尚的道德观，注重审美所具有的社会价值。

"东方古典美学的这一特征，使得武术由一门攻防格斗的技艺变成惩恶扬善、除暴安良、驱邪扶正的教化手段，形成了武德。"[1] 这就对从事武术的人提出了更高要求。习武者要有纯正的动机，用武者要能明辨是非，授武者要遵循清规，其目的都是避免武术给和谐社会以及人际关系带来损害。以善为美的社会伦理道德，加之人道主义精神的渗入，使得武术的技击性得以弱化，武术的杀伤力得以隐匿，武术的功利价值得以淡化。如此武术在自身的发展过程中，不断地向美善统一、向德术并重方向发展，使得中华武术在世界技击格斗中具有最高的审美价值。

第二节 武术文化的深入挖掘

提倡武术文化教学需要挖掘武术的文化资源，我们不仅要充分利用民间武术和竞技武术进行武术文化教学，而且也亟须形成武术文化教学新的现代资源库——网络资源。

一、武术文化资源

在价值取向上，我们要在竞技武术与民间武术之间取得合理的张力。在资源开采上，我们要同时挖掘竞技武术和民间武术两个资源。在操作上，在以竞技武术全面发展学生身体素质的同时，要给民间武术的文化性和民族性

---

[1] 旷文楠. 中华武术文化概论 [M]. 成都：四川教育出版社，1990：286.

影响留有余地，在以竞技武术为主干的课程体系中给地方武术留有空间，从而使得师资培养、自我进修、教师素质重组上形成竞技武术与民间武术的合理组合。在武术教育课程体系的构建中，在国家性课程、地方性课程和校本课程三级管理体系中，国家性课程要抓大放小，建立武术教育需要实现的总体目标和示范性的教学模式与模块；地方性课程和校本课程要着力于提高武术课程的适应性，力争体现出武术的地方特色和武术技击范式的众多流派，并为武术的地方特色和千姿百态提供保护和发展的空间。

二、武术教育网络资源

随着国际互联网的迅猛发展，网民日益增多，且多数为青少年。为了适应青少年学习方式的变化和现代技术变化所导致的文化形态的变化，增强武术教育的力度，武术文化的挖掘包括武术教育网络资源的建设，武术教育需要一个新的文化资源库，一个无限大的资源库和适合个人个性的环境。这一资源不仅将虚拟教师与远程教育相结合，融教科书、参考书、论文、网上书店和光盘于一体的网话文互动状态的教材，也使武术教育在现代传媒技术支持下诞生新型的电子学校、电子大学等全新形态，还使优秀教师的教育资源为广大学生所共享，为优秀教师找到匹配的学生和应用的领域，而有"得天下英才而教之"的快乐。在这一资源的建设中，不仅使愿意接受教育的人都能得到教育、得到最好的教育，使学生的学习真正成为"因材施教"的个性化教学或个性化教育销售，或顾晓鸣先生所憧憬的"一个人大学"，而且也促进我们全面全新地思考当代武术教育问题，把学校武术看作一个大的数据库中的一个环节。学校武术与社会武术、竞技武术的关系需要重新思考、重新定位，从而把武术师资培训的学校教育、在职培训、终身教育等，学生学习的学校教育、职业教育、终身教育，以及学习场所的学校学习、在家自习等弹性学习体制……这样新的形态纳入这一"知识链"中加以考虑。当代武术教育问题的思考和解决，绝不能再局限于校园，而应该在更大空间内思考和解决，将图书馆、网络、民间拳师、地方武术等都看作学校武术教育的联合体，其中蕴含着丰富的教育资源。

三、武术文化资源开发主体

武术文化资源的开采是师生双方共同努力的结果，传统的教师形象是传统文化的传递者、维护者，人们也以"才高八斗""学富五车"加以概括。然而，随着时代的发展，教师的传统形象受到了严峻的挑战，人们也逐渐认识到学生也是文化资源的拥有者,并将向老年人学习看作传统社会的教学与学习特征,将向青年人学习看作现代社会的教学与学习特征。因此,在武术文化教学的开采上要调动两大群体的积极性。

首先,教师是武术文化教学的开发主体。在校本课程的开发上,在武术文化教学的改变中,教师要充分发挥主观能动性。教师不仅要执行国家课程标准,同时也要丰富地方武术特色;不仅要将技术动作清楚明白地传授给学生,同时也要让学生理解丰富的文化内涵。

其次,在提倡教师加强武术文化资源利用与开采的同时,我们也要引导学生的行动,并在这一行动中促进学生的武术文化学习。例如,在加强武术知识自学的同时,我们可以扩大武术文化教育的内容,将武术知识的学习与传统文化的了解、民族精神的强化紧密地结合起来。在教学中,我们可以根据学生特点,为学生准备一些武术文化知识自习题。例如,武术与书法的联系,可以将武术的动作架势、套路布局以及演练时对动作速度、力度、幅度等处理与书法的间架结构、行笔、布局进行对比。又如,武术与音乐的关系,可以将武术动作演练的节奏与音乐的节奏、旋律的异同进行比较。再如,武术身体运动的整体观、气血观与中医的整体观的联系;武术的晨练闻鸡、夜练挑灯与传统自然观的关系……我们应该让学生在自主性学习、研究中进行武术文化学习。

第三节　武术的道德教育规范

武术文化既是中国文化的有机组成部分,又自成完整体系,且能全面贯彻、反映中国文化的基本精神。作为弘扬中华民族精神的代表——武术文化,自然成为人们关注的焦点并深受国人的喜爱,特别是充满活力的青少年,这为对他们进行道德教育提供了舞台,创造了有利条件。武术文化在长期实践发展的过程中逐步形成了自己独特的风格,建立了自己完整的理论体系,并不断展现其以技击为本质特征的各种价值,突显了民族精神文化特色和人文教育价值。

一、武术文化所蕴含的道德内容

自古以来,武术文化与其他文化形态同在一个自成体系的文化区域内存在、发展着,它们之间相互影响与渗透。因此,中华民族的基本精神与民族文化之精华也就于无形之中潜移默化至武术文化形态里,使得武术不仅肩负武术技艺的传授功能,还载负着中国历代人民所积累与创造的灿烂文化的传承功能。在武术文化的传播过程中,通过对中国古代道德思想发展历史学习和对古代思想家有关道德教育的言论、思想及行为的梳理,帮助人们了解中华文化宝库中的传统美德,使人们从中学会为人、处世、治学的道理,从而提高自身的道德修养与人文素质,促进人们健全人格塑造与形成。

崇武尚德是武术界人士共同信仰的一种言行准则,习武者按它修身养性,规范举止,品评善恶。其主要内容有:第一,强调学武的目的是安邦救国。我国历代武将、勇士在国家危难之际,凭武艺以救国难的例子不胜枚举。例如,岳飞、杨家将、戚继光、大刀王五、霍元甲等皆是我们今天对学生进行爱国主义教育的光辉榜样。第二,除恶扬善,重义轻利。历代武师侠士疾恶如仇,伸张正义,为民除害,助人为乐。例如,明末著名内家拳家王征南,他为人侠义,好打不平,但绝不随意伤人,在当时流行"文官要钱不怕死,武官怕死又爱钱"的社会风气下他始终廉洁自守,律己极严,故思想家黄宗羲在"墓志铭"中说:"慕其才艺者,以为贫必易致,营将皆通殷勤,而征南漠然不顾。"第三,尊师重道,勤修苦练。《少林武术新戒约》中强调:"凡习武之徒,必须以贤为师,谦虚好学,尊敬师长,崇扬武德。"武术界非常讲究师徒间、朋友间的礼仪,因此拳谚有"未曾习武先明德,未曾学艺先习礼""失礼者不可教之,失德者不可学之"之说。例如,八卦掌大师董海川为探究拳法奥妙,背井离乡,出外云游四方,寻访名师;居山数年,虚心请教,潜心苦练,八年功成后终于创造了"八卦掌"。具体而常见的是武术中的"抱拳礼",其含义为:右手握拳喻"尚武""以武会友";以左掌掩右拳,喻拳由理来,屈左拇指,喻不自大;左掌四指并拢,喻四海武林同道团结,齐心发扬光大武术。在武术教学过程中,详细讲解"抱拳礼"的含义并经常习练"抱拳礼"有助于学生养成诚实守信、谦虚好礼的中华民族传统美德。

中华民族追求以"内贤外王"为理想人格的儒家思想,有孔子的"道之以德",墨子的"以兼相爱,交相利之、法易之"伦理思想以及武术文化反映出的伦理型文化、重视人际关系的特殊人文精神,因此,儒家思想核心"仁"的基本内容,也就是武德的核心。武林有所谓"八打八不打"的说法,《罗汉行功短打·序言》竟称点穴术是为了"不得不打"但又"不致伤人"才创立的;内家拳的"后发制人"套路的产生以及中华武术家各式各样的间接比武方法,可以说都是以遵循人际关系和谐为宗旨。

此外,从某种意义上说代表武术文化足迹、中国武人命运、中国世俗文化发展历程写照的武侠文化，更能切身体会与充分展示中国传统的伦理道德力量对武术文化发展的巨大影响与深远意义，无论是从先秦游侠、两汉豪侠、隋唐隐侠、宋明义侠还是从荆轲大义、郭解豪气、隐娘风骨，他们无不表示出快意恩仇、重诺守信、重义轻利、重气轻生等深厚的伦理观念及崇高的侠义精神。综观中国传统道德的发展历程，其以仁、义为核心的一贯思想便是围绕"为社会、为民族、为国家、为人民"的整体精神而展开的。

二、武术文化对青少年道德的培养

中国素以礼仪之邦、文明古国著称于世。中华民族传统文化为人类文明发展做出了非凡的贡献。中华民族是有悠久历史和优秀文化的伟大民族。我们的文化建设不能割断历史。对民族文化要取其精华、去其糟粕，并结合时代的特点加以发展，推陈出新，使它不断发扬光大。中国传统道德是中国古代思想家对中华民族道德实践经验的总结，是中华民族在其长期发展过程中逐渐凝聚起来的民族精神的一个重要组成部分，从一定意义上说，是中华民族传统文化的核心。

众所周知，随着我国改革开放的不断深入，社会经济的快速发展，在实现四个现代化的过程中，引进西方发达国家先进科学技术与管理经验的同时，西方近现代伦理思想、价值观念也如洪水一样倾泻而出、涌向国内，拜金主义、享乐主义和极端个人主义等不良思想也涌入国内。这些思想在商品经济迅速发展的时代背景下，必然对自私自利、见利忘义、损人利己和损公肥私等不良行为起到不可低估的催化作用，其导致的结果对社会主义市场经济体制的建设是极其有害的。

2001年，中央思想政治工作会议上明确提出"以德治国"的概念，对公民的思想道德建设的重视达到了一个前所未有的认识高度，而资本主义腐朽的生活方式及其功利的价值观念所形成的不良环境，对当代学生产生的巨大影响是无法估量的。为深入贯彻党的十六大精神，落实《中共中央国务院关于进一步加强和改进未成年人思想道德建设的若干意见》，大力开展弘扬和培育民族精神教育，2004年3月30日，教育部、宣传部特制定并印发了《中小学开展弘扬和培育民族精神教育实施纲要》（以下简称《纲要》），指出应根据中学生身心发展特点和规律，坚持以人为本，从学生的学习生活实际出发，从学生最关心的问题入手，善于挖掘和利用当地体现民族精神的各种资源，用事实说话、用典型说话、用学生熟悉的语言和喜闻乐见的方式开展教育活动，做到以理服人、以情动人、以形感人、以志激人、以境育人。在《纲要》

第四条，针对中小学开展弘扬和培育民族精神的实施途径明确指出，体育课应适量增加中华武术等内容。由此可见，具有悠久历史、蕴含中国传统文化之精华的武术文化是一种理想的，有效地将理论应用、检验、发展置于实践的方法。

《论语·为政》孔子云："吾十有五而志于学，三十而立，四十而不惑，五十而知天命，六十而耳顺，七十而从心所欲，不逾矩。""从心所欲，不逾矩"便是道德人格的最高境界。[①] 从中可以得出道德人格是通过后天持之以恒、锲而不舍的主观努力学习、自觉修养和自我完善而形成。因此，在道德人格的培养过程中教育者应有目的、有组织、有计划地通过课堂的宣讲、榜样的示范、文艺的欣赏、竞赛的开展、诤友的直言、环境的熏陶等来施加系统的道德影响。所以，武术文化作为民族文化之精华的典型代表，在传承其技术过程中更应担负起育人的功能。以下将分别从道德人格形成过程的五个基本要素（道德认识、道德信念、道德意志、道德情感、道德行为习惯）论述武术文化对当代学生道德人格培养的作用。

(一) 提高道德认识

道德认识是指人们对一定社会道德关系以及这种道德关系的理论、原则、规范的理解和掌握。[②] 只有对一定的道德关系及其道德要求有清醒而深刻的认识，人们才能培养起良好的道德行为和道德品质。武之大者，莫过于德。顺乎自然规律为"天德"，顺应健康、和平、发展的人类社会要求为"人德"。"天人合一"就是讲究科学、和谐进步的人类生存境界。德是容器，有容乃大。中华武术数千年来传承不绝，一脉系之，以德为先。传统太极拳论中说："能平心静气，涵养功夫，令太极本体心领神会，豁然贯通，将见理明法备，受益无穷。"例如，中国当代十大武术名师之一的太极拳家孙剑云秉承父志，一生以太极拳为己任，不计名利，以德育人。武林人士莫不感其德技兼备，为名家风范。[③] 因而，在武术教学中应采用多种方法与手段来认识"善恶"与"得失"观念，运用哲学指导、辩证思维、整体思想来加强学生正确道德观念的形成与培养。

[①] 曾钊新. 道德心理学 [M]. 长沙：中南大学出版社，2002：414.
[②] 周中之. 伦理学 [M]. 北京：人民出版社，2004：467.
[③] 余功保. 随曲随伸：中国太极拳名家对话录 [M]. 北京：人民体育出版社，2002：301.

《易经·系辞下》中的"善不积，不足以成名；恶不积，不足以灭身"足以用来评定善恶两种行为之人所获截然不同的结果，并给人们的言行实践指明了方向，起到了导航的作用。象形拳，又叫仿生拳，是一种模仿某种人和某些动物的形态、动作、搏击特点，并结合武术的攻防技法而创编的一些具有独特风格的拳术。例如，少林拳中的五形拳（龙、虎、豹、鹤、蛇五式），华佗的五禽戏（虎、鹿、猿、熊、鸟）等的创编都是人们经过长期观察、不断思维、反复习练的结果。只要人们留心观察、善于发现、敢于行动就一定会有所收获。所以在开展武术教学时，教师要指导、启发、激励学生大胆地去探索、追求。

除恶扬善是中华民族传统的尚武崇德精神的重要内容之一。《王征南墓志铭》中对习武者有"不得恃强凌弱，任意妄为""为人正直，见不平之事，遂挺身而出"等规范要求。《论语·宪问》中孔子云："仁者必有勇。"道明了"仁"与"勇"的辩证关系，即真正拥有善心的人皆能疾恶如仇，敢于向不合规范制度的恶行、恶事、恶人做无畏的斗争。然而在某些人身上却将"哥们义气""江湖义气""为朋友两肋插刀，抛妻舍儿在所不惜"等误认为是"善""仁"的化身。例如，2002年3月19日，正义网报道武汉体校王某为帮同学"斗狠"而出手将一同龄人打死。诸如此类严重的道德缺陷与法律意识淡薄之人，不仅应引起社会的广泛关注，更应引起武术教育者的高度重视，这使我们想到了心理学法则中著名的木桶理论或称铁锁链理论：决定木桶能盛多少水的不在于最长的一块木板，而在于最短的那一块；同样，决定铁锁链强度的是铁锁链中最弱的那一环。因此，武术教育者必须要将道德人格教育作为武术教育的重要任务之一。

刘备临终前嘱咐儿子"勿以善小而不为，勿以恶小而为之，唯贤唯德，可以服人"。因此，教师应有目的、有计划地在设计与安排好课的内容的同时，有机地将道德人格的培养贯穿其中。例如，课堂中学生正在进行器械练习时，教师临时紧急集合，此时应认真注意、仔细观察每一名学生的行为举止。有的学生将手中的器械随手往地上一甩，漫不经心地走向集合地点，有的学生手握着器械赶过来，有的学生则拾起被丢在地上的器械匆匆跑来。作为一名善于培养学生道德意识的优秀教师一定会及时对前者给予言语启发与批评教育，对后者予以精神鼓励与高度赞扬，并以小喻大、借题展开道德和人格教育。只有这样不失时机地向学生灌输好坏、是非、善恶等价值观念，才能让他们在亲临其境的情景之中提高道德认识，从而形成一种良好的道德氛围，为传播与宣传道德认识奠定坚实的基础。

孙剑云曾说："一个人要勇于负责任，要勇于对社会负责，对他人负责。只有对社会负责，对他人负责，才是真正地对自己负责，不敢承担责任的人是自私的。"[1] 人称"千斤神力王"的一代武宗王子平，为了中华民族的威严而置个人安危于不顾，毅然登台击倒自称"世界唯一大力士"的沙俄拳师康泰尔。武林志士佟忠义，他一身正气、疾恶如仇、弃官为民。这些皆是历代武人留给我们关于"得失"观念的经典总结，值得人们去深思与细琢。从另一个角度而言，对得失的衡量可以将义利视为客观标准之一："君子喻于义，小人喻于利。"《论语·里仁》中"公私—义利之辩"即关于整体利益与个人利益、行为之应当（道义）与功利的关系，是中国传统道德史上的基本问题。[2] 个人只有在社会群体中才能生存和发展，人们经常处于"利他主义"与"利己主义""整体主义"与"个人主义"两种对立的价值方针和价值观体系的矛盾之中，因此，个人应如何树立"以公为贵"的"公私观"，进而在道德价值上体现为"见利思义""正义谋利"的"义利观"，是值得我们思考的问题。冯梦龙《警世通言》卷二十五中的"钱财如粪土，仁义值千金"是古代贤哲对待公私、义利、得失的人生态度，更值得当代利欲熏心、唯利是图、腐朽堕落的人去学习与借鉴。1979 年 5 月，在广西南宁举行的首次全国武术观摩交流大会中，黑龙江省 94 岁老拳师刘志清说："我一定要毫无保留地把平生所学都献给国家，决不带到棺材里去。"[3] 受这种大公无私精神的鼓舞，很多人为武术的挖掘整理工作提供了大力的支持，对武术文化的发展与繁荣起到了积极作用。重义轻利历来是习武者所推崇的物质观念。在武术教学中，应重视得失取舍教育，让学生做到"明本末，知轻重，识大体"。

孟轲在《孟子·告子上》中说："鱼，我所欲也；熊掌，亦我所欲也。二者不可得兼，舍鱼而取熊掌者也。生，亦我所欲也；义，亦我所欲也。二者不可得兼，舍生而取义者也。"这说明道德人格在取舍中的重要意义。例如，在武术指定动作攻防实战的比赛中，大家都按照教师的教学要求进行，然而有急功近利、爱慕虚荣的同学在与其对手进行比赛时，却使用非指定动作将

---

[1] 孙永田. 德艺双馨、英名永存——忆孙剑云老师 [J]. 中华武术，2003（12）68-69.

[2] 罗国杰. 中国传统道德：简编本 [M]. 北京：中国人民大学出版社，1995：354.

[3] 昌沧. 四牛武缘 [M]. 北京：人民体育出版社，2003：518.

对方击倒，刹那间他的脸上充满了胜利者扬扬自得的神态，而被击倒的同学却一脸茫然、疑惑，其他的同学有沉默者、不平者、喝彩者，总而言之，神态各异，极不和谐。此时，教师应有针对性地采取有效措施，首先从竞赛的角度指出这种行为是犯规的、不允许的；然后从道德的角度进行分析，指明这是一种人格低下的表现，是一种愚昧且错误的得失观，获胜者即使表面上赢得了比赛的胜利，但他将因为背叛所有同学而失去比赛机会，甚至使自己被孤立起来。最后让学生明白，教学中的比赛竞争意识更应是一种竞合意识。竞合的"竞"既是赛，也是争；竞合的"合"，首先合作，然后合击，其势更加强大。同理，在商品经济社会中更应该懂得运用这种双赢的得失观去处理问题。

（二）确立道德信念

道德信念是人们将道德认识、道德情感、道德意志有机结合成为个人行动的指南和原则，它在道德品质的形成中具有决定性的意义，人们一旦确立了某种道德信念，就能自觉地、坚定不移地依照自己的道德信念来选择行为和进行活动，并使自己的行为具有原则性、坚定性和一贯性，不管在任何环境与条件下，都能朝着自己信仰的方向努力，始终不改其初衷。儒家与道家分别提出"圣人"和"真人"作为自己的道德人格理想信念，而雷锋、焦裕禄、孔繁森则提倡全心全意为人民服务、忠于共产主义事业、大公无私的社会主义和共产主义道德的理想人格信念。只要我们仔细观察周围的成功人士，就会发现这些获取成功、最后实现目标、顺利完成任务的人对自己都有坚定的信心，对自己最后的胜利有着不可动摇的信念。信念是激发学习和工作热情的兴奋剂，是缩短目标与现实差距的催化剂，是抚平内心创伤和失意的镇静剂，是确保成功与胜利的强力剂。那些成功人士无不为道德信念的实现而努力奋斗、孜孜以求。

李小龙曾经说："我为了替中华武术争一口气，决定把中国功夫搬上银幕，替中华武术争取光荣。"这可以看成是李小龙拍功夫片的强烈信念。尤为重要的是他始终认为"我是一个中国人"，更是可见他拥有一股浓厚的中华民族正气，一颗热爱祖国的心在震撼世界人民。

尚武崇德是武术界人士共同信仰的一种言行准则。孔子以"仁礼"为其用武信念，墨子以"兼爱"为其用武信念，游侠以"行侠仗义"为其用武信念，孙中山以"强国强种"为其用武信念等。时至今日，我们广大武术教育者的用武信念有：将武术列为中小学体育课的重要内容之一，将武术作为全民健身的运动项目,将武术作为进军奥运会的运动项目等。诚然,在武术人的不懈努力与奋力追求下,武术发展取得了令人瞩目的成绩。但冷静之余,人们总觉得作为民族文化精华的武术文化在其发展与功能上尚欠缺些什么,在当前极力追求以人为本、共同发展的和谐社会背景下,武术教育应以塑造与培养健全人格作为自己的用武信念,所以,如何在实践中采用合理有效的方法与手段来加强学生道德信念的培养也就显得极为重要。

没有充满信心的期待,就不能点燃强烈愿望的火焰,也不会有坚定的决心。除非对要达到的目标和要做的事充满信心,否则,就会发现愿望是如此难以实现。既然人们知道信念与个人能力有着最为紧密的、最为重要的联系,那么在教学中就应加强对学生坚定信念的培养。例如,学生之所以迷恋电子游戏,是因为它能吸引学生的兴趣并善于引导学生逐步坚定能实现成功的信念。对此教师不能一味地加以批评、指责,这样将会造成学生强烈的逆反心理而事与愿违。此时教师可通过武术教学正确引导,如教侧弹踢腿时,由低—中—高,经多次示范最后快速击打最高点目标(将目标假想成对手或坏人的头部)。以此来类比需经过多次投币、废寝忘食才能通关并升级的网络游戏,二者都是一个由量变到质变的过程,都需要时间与毅力经过反复的练习,最后才能获得成功的喜悦。然而后者所获取的快乐是消极的、短暂的,很快会因过重的经济负担与身体的过度疲劳而产生惭愧、内疚和沮丧的情绪;而前者是积极的、进取的,并且将随着练习的增加而越来越精力充沛,富有成就感、自豪感。通过鲜明的对比,可使学生明白不良兴趣、爱好、信念所带来的危害,同时更是一种富有启发性的引导、培养与坚定学生道德信念的有效方法。

(三)锻炼道德意志

道德意志是人们在履行道德义务过程中所表现出的克服各种困难和障碍的坚强毅力和坚持到底的精神。[1] 一个人具有坚毅顽强的道德意志,既是他具有某种道德品质的重要方面,也是他具有这种道德品质的重要条件。意志力的强弱往往在道德活动中通过克服各种困难来表现。因此,如何战胜外界因素(如自然条件恶劣、缺乏必要的手段和工具、来自家庭和社会的阻挠、他人的讥讽和打击等)和个体的心理与生理障碍(如犹豫不决、信心不足、消极的情绪、懒惰、胆怯、能力低下、缺乏知识经验、身体不佳等),将是我们进行培养的重要环节。外界的不利因素将促进道德意志力的磨炼,而个体内

---

[1] 周中之. 伦理学[M]. 北京:人民出版社,2004:467-469.

部的不利因素将主要通过道德意志控制来克服。

人类肉体存在惰性，情感喜欢放纵，若想取得胜利，必须让理性和意志统率我们的神经。面对外界的恶劣环境与艰苦条件时，任何时刻人们都要有战胜困难的决心，并相信自己有化险为夷的能力。所以，在武术教学中要善于利用外在的因素磨炼学生的道德意志。

《武士须知》中有"吾辈研习武事，期在深造，必须持之以恒，刻苦学习，勿躐以求速，勿半途而辍业"。具有高尚且顽强的道德意志使习武者能够登堂入室，学得武艺的精髓和真谛。武功的增进与道德意志的磨炼如车之两轮，鸟之两翼，相辅相成，缺一不可。"冬练三九，夏练三伏""欲学惊人艺，须下苦功夫"等武术谚语，既是习武者经验的结晶，更是磨砺道德意志的有效方法与具体手段。例如，武术基本功的练习，既是最为艰苦的活儿，也是最能磨炼道德意志的有效手段。在教学中，应尽量为所练内容创造条件并提供学以致用的舞台，让学生在体会到收获的喜悦下展开，这样道德意志力的培养才能取得事半功倍的效果。

"滴水穿石"靠的不是蛮力，也不是激情，而是锲而不舍的努力和韧性。当人们谈到天才时，总是首先想到无师自通、灵感迸发、才华横溢、文思泉涌等，其实，真正促成天才的重要因素是意志力、忍耐力、自控力、承受力等，过去是，现在也是，将来还是。意志的自控力往往是容易遭受挫折，也是最能经历挫折的，好比达尔文的"用进废退"学说。道德意志经历的挫折越多，它的反弹力越大，持续的时间越长，越是历久而弥坚。

教育实践表明，教师有意识地、机智地创设特定的道德实践机会，对学生的道德意志进行锻炼，是行之有效的。例如，一位班主任有意识委托一个希望不迟到而总是迟到的学生管教室钥匙，因而造成了"钥匙管我"的情境，增强了这个学生的责任感，锻炼了他控制自己行为的意志。这种方法值得我们在武术教学活动中借鉴。再如，有一位武术技术优秀而好胜心特强的学生，尽管他也想遵守纪律但却总是在学生自我练习时早退，教师可以安排他做某一组的小教练，形成一种他要想获胜只有通过小组获胜的前提条件，从而使他产生一种集体责任感，在进行自我练习时，他不得不对其他学生进行技术辅导，这种将违纪行为转化为助人的迁移效应，无形之中控制了早退行为的发生，提高了学生对道德意志的控制能力。

（四）陶冶道德情感

道德情感是指人们从心理上对某种道德义务以及道德现象所产生的爱憎

好恶的感情，它伴随道德认识的内心体验。① 爱因斯坦认为，热情像熊熊的火焰，是一切的原动力，有了伟大的热情，才会有伟大的行动。少林古拳谱有《少林拳十戒》，其中规定："武艺须传忠诚有志之士，平易谦恭之人""强横无理者不传"，从中体现出道德情感在习武者中的重要性非同寻常。荀子曰："是故权利不能倾也，群众不能移也，天下不能荡也，生乎由是，死乎由是，夫是之谓德操。"道德情操也就是"富贵不能淫，贫贱不能移，威武不能屈"的崇高境界。② 而道德情感的内容是极其丰富的，但是在人的道德品质形成和发展过程中最有决定意义且是当代中学生极为缺乏的，武术教学理应重点培养学生的责任感、羞耻感、荣誉感。拳谚曰："理字不多重，万人担不动。武夫不讲理，艺高难服众。持艺逞凶，罪不容诛。"由此只有当人们自我体验到自身的责任，才能在学武、施武的行为中表现出高度的自觉性和主动性，从而不需要任何外在的强制与约束，并表现出内心的愉悦。所以，我们应加强对学生自主责任的培养。责任感对个人而言属于独立自我的培养，对家庭而言可以概括为"孝"，对社会而言可以理解为"忠"。

中国传统文化以理智控制情绪的规箴，以及统治者在政治上施加的控制，造成中国人情感体验的丰富和情绪表达的贫乏，从而导致个体日渐消融，自我逐渐缺失，往往表现为怯懦、逆来顺受、麻木不仁、因循守旧、安于现状等性格。《象传》中"天行健，君子自强不息"便是对个人独立自我的激励；《史记·游侠列传》中"其言必信，其行必果，以诺必诚，不爱其躯，赴士之厄困"的侠士行为，更是对独立自我的颂扬并树立学生追求、奋斗的榜样。武术教学应着重培养学生善于思考、敢于发言、乐于行动的能力。例如，适当地安排一些让学生对武术教学动作进行观察、分析、评定等内容，可以改变学生对家长、老师过分依赖的思想，使他们逐步实现独立、自强的意识。

春秋时期，丘吾子曰："夫树欲静而风不止，子欲养而亲不待，往来者年也，不可再见者亲也。"生动而精练的语言表达了对父母深厚、诚挚的孝悌之情。之前，我国计划生育政策的实施，使独生子女应运而生且日益增加，长辈们的过分溺爱，滋生并助长了他们好逸恶劳的行为习惯。由此教师应根据学生的具体情况结合课堂的实际需要，插入一些《百孝图》中的感人事迹并融入到生活实践中。例如，帮助父母做些力所能及的家务活，在减轻父母劳

---

① 周中之. 伦理学 [M]. 北京：人民出版社，2004：467.
② 曾钊新. 道德心理学 [M]. 长沙：中南大学出版社，2002：149.

累的同时，既尽到了孝的责任，又融洽了彼此的感情，且易创造一种"家和万事兴"的良好环境。总而言之，源于真挚之情的孝，是中华民族的传统美德，蕴含着巨大的能量。① "苟利国家生死以，岂因祸福避趋之"的崇高精神，激励着无数具有高度社会责任感的英雄人物无私无畏、尽忠报国。武术文化中的传统武德十分重视习武者的道德义务和社会道德责任感的培养，当面对贪官污吏、土豪地霸行不义之举时，习武者总是会路见不平、拔刀相助、扶危济困、舍己助人、见义勇为、惩治奸恶。② 在武术教学中，应鼓励学生多关心他人、帮助他人，从而达到歌词"只要人人都献出一点爱，世界将变成美好的人间"中的美好境界。

《论语·为政》中，子曰："道之以政，齐之以刑，民免而无耻；道之以德，齐之以礼，有耻且格。"古代圣人从治国的高度论述并肯定了羞耻之心的重要意义。"知耻而后勇"表明羞耻的感觉可以转化为一种宝贵的精神力量，激励人们加倍努力，改过自新、建功立业，"浪子回头金不换"便是"知耻而后勇"的突出表现与完美结局。"周处自新、三害全除"讲述周处从小打架斗殴、欺压百姓、专横跋扈，村民将他与猛虎、蛟龙合称为"三害"，而本人却全然无知、不以为耻，当他凭借争强好斗的勇气除掉猛虎、蛟龙回到村里，无意中得知自己才是村民们所说的"三害"之首，唤醒了他的羞耻之心，于是决定改过从善，终成为一名乐于助人、执法公正的好官。③ 十大武术形象人物之东方男性形象——李连杰说："因为周围的环境改变了，所以我也会改变。一生不变的只有一点，我永远是个传统的中国人。"言语中无不体现他对国家的热爱之情、民族的荣耀之感。因此，在武术教学中应注重与加强历来被视为"立人之大节""治世之大端"的知耻心的培养，使学生从内心树立正确的善恶、荣辱标准，进而做到守仁行义、谨言慎行、辨知荣辱。例如，每次训练课尤其是大强度对抗练习或身体素质训练后，进行相互按摩放松时，发现有一名霸气的学生总是让某位性格忠厚的学生为其按摩放松，并以其技术好与自己恢复快为荣，却从不给对方按摩放松。对此，教师可以以考查按摩技术为由，让霸气的学生为那名老实学生按摩，并坚持一段时间，让原本训练过累的他亲身体味这种艰辛，从而激发他内心的内疚感、羞耻感。

---

① 曹源. 孝行天下 [M]. 北京：中国时代经济出版社，2004：172.
② 曹源. 孝行天下 [M]. 北京：中国时代经济出版社，2004：169.
③ 吴楚，李钰. 中国通史故事 [M]. 呼和浩特：远方出版社，2002：470.

第三章　武术的文化意蕴和道德规范

（五）养成良好的道德行为习惯

道德行为习惯是指人们在道德实践活动中持续不断地重复某种道德行为，使之积淀于心中，变成一种自动的行为方式。道德行为习惯是多方面的，主要通过人们的思维、语言、行为三个方面予以表示，它的培养途径与方式多种多样、不胜枚举，但最终都离不开把外在的道德要求和价值取向真正融入人的血肉里，达到灵与肉的结合这一关键环节。道德行为习惯是主体由道德他律状态向道德自律状态跃迁的主要标志，更是一种外在显现的表现形式。习惯不是造就你，就是毁掉你，因此，我们必须通过各种途径，采用各种方法尽快养成良好的道德行为习惯，由他律阶段向自律阶段转化。

道德行为习惯的形成是一个长期复杂的过程，如同武术技术动作动力定型一样，必须经过动作的泛化—分化—定型—自动化等不同阶段，所以在教学中教师应反复强调并要求学生持续不断地练习，尤其是针对学生道德行为习惯的薄弱环节加强教育，如勤俭节约、爱护公物等。例如，永信和尚（刘应成）为重整寺僧武术队，发扬前辈"尝尽黄连苦，换来真功夫"的优良学风，发扬宗祖应诏征战，为国立勋的高度爱国主义精神。传统武德教育引导良好道德品质和人伦规范的养成。在武术教学中，传统武德教育是贯穿武术教学始终的重要内容。传统武德，它不光视"德"为武之根本，同时还把"德"视为通向高深武功境界的精神航船。"遇一切外魔挫辱淡然恬然，不介于意，任人之笑骂嘲激，而无动于心，神专志一"。传统理论中的"三年一小成，十年一大成"等，都是对习武者道德意志品质磨炼提出的具体要求。在人伦规范方面，具体表现为教育学生对师辈要尊师敬长，不得违拗；对同辈要克己和众，不得搬弄是非。万籁声先生对习武之道曾说过一句意味深长的话："是以武功一道，非有坚忍不拔之志者难得有大成功；非忠义纯笃者，难得有大造就；非谦和恭敬者，难得有好善终。"其中"坚忍不拔""忠义纯笃""谦和恭敬"正是对习武者要求的基本概括。

道德教育是一个有机的整体，它的五个环节是相互联系、相互影响的，其中道德认识是前提，道德情感和道德意志是中介，道德信念是核心，道德行为是结果。而武术教学实践则贯穿于道德人格培养的全过程，只有通过实践道德人格培养的几个环节才能有机地统一起来，只有通过实践才能循环往复、不断总结经验，将学生的道德人格培养推向一个新的高度——这是武术教学所要实现的重要目标之一，更是武术教育者终身不懈奋斗与努力追求的重要目标。

第四节 武术对文化教育的推动

　　武术是中国历史上传统教育的重要组成部分,虽然中国历来重视文化教育,但从来不忽视强身健体和运动素质的培养,武术作为具有中国特色的身体文化形式,不仅具有现代体育的功能——锻炼身体,同时作为一种文化载体,兼具促进德、智、美及个性发展与完善的教育功能,是中华民族优秀文化的代表(国粹)。相对于其他民族文化形式而言,武术在新时代树立民族自尊心、培养民族精神、提高民族素质的教育价值上具有不可替代的重要地位。

　　教育事关武术事业发展的全局,发展武术教育是武术文化建设的基础工程。作为民族文化的一部分,武术文化蕴含着丰富的爱国主义以及和平、勇敢、自强不息的民族精神。在研究与开发中华武术时,要摆脱以往仅把武术作为竞技体育项目对待的局限,树立正确的武术文化教育观念,开发武术文化的教育价值,开拓多层次的武术文化教育市场。

一、中华武术的文化教育渊源

　　中华武术理论的形成,是中华民族文化的缩影。在中国历史上,儒家讲中庸,道家倡无为,佛家重定慧,整个中国传统文化都在一种以不变应万变、怕走极端的氛围中孕育。中国传统文化的主导思想是儒家思想,而儒家思想恰恰就是一种"以德成人"为主的教育思想。[①]

　　儒家学派的创始人孔子在体育方面也有可贵的见解和实践,他主张:"志于道,据于德,依于仁,游于艺。"(《论语·述而》)其中,就包含着德育、智育、美育、体育的思想因素,更融通着哲学思想内涵。儒学作为中国封建时代的官方哲学和封建制度的精神支柱,对中华武术的影响是巨大的。在传统武术史的文献中,显示的是极力提倡以"仁义"精神为核心的武德观念。在中华武术的历史发展中,各个拳派都有明确的规定:"学拳宜以德行为先,恭敬谦逊,善气迎人,不可恃艺为非,以致损行败德,辱身丧命。"这种以"仁义"精神为核心的武德思想,完全符合我国封建社会伦理学的生命原则和善良原则,这也促使中国传统体育中具有竞技性的项目——武术,逐步成为仁者之艺。中华武术的武德、武技、套路、法则、内外合一等内容,处处显

---

① 康戈武,邱丕相,戴国斌.从文化好奇到文化战略[J].体育文化导刊,2004(6):12-13.

示了中国传统文化的烙印。

促进中华武术理论形成的另一条重要途径是融入了道家思维方式。① 道家哲学主要以老子、庄子的学说为代表。《老子》中明确指出:"世界上的一切事物都向其对立的方向转化,而克制它的东西恰恰是其对立面,事物向哪个方向转化,这是自然规律。"太极拳的"以柔克刚""以静制动""以慢制快"无疑是老子哲学思想在中华武术文化中的体现。庄子的哲学思想将中国武学推向了巅峰,认为武学最高境界实质上就是要摆脱武术招式、技能等的束缚,追求武术的本质和"悟性",除武技之外,更重要的是文化修养和感受能力。因此,在庄子哲学思想的引导下,追求武术的最高境界,归根结底就是追求一种旁若无人、无所畏惧、至刚至大的精神境界。② 因此,可以说庄子的学说是中国静态武术之源。历代诸多武术大师运用道家思想指导武术实践,并不断通过总结,使武术理论得到升华,他们将太极、阴阳、五行、八卦、内外合一、身心合一、形神兼备等传统哲学思想纳入武术理论当中,使中华武术从实践到理论都完美地体现着中国传统文化的丰富内涵。中华武术在理论上不但具有丰富的思想内涵,而且具有极为深厚的教育文化渊源。

二、武术的文化教育功能

(一)以武启真——武术以武促智的教育功能

武术文化的体悟能提高学生的能力和科学文化素质。武术家于海先生认为,武术文化源远流长,经过了几千年的积淀,已成为中国传统文化的一部分,里面有技击理论,也有人生哲理,通过武术修炼可以修心、修身,使人懂得"万物可学",从而具备宽容的精神。武术家于承惠先生对武术的体悟是"武术是一种生活方式,修身、齐家、治国、平天下。"认为从人类最初的生存斗争、防身自卫、保家卫国到健身娱乐可以看出,武术渗透于人类的生存发展和生产生活之中。学生通过对武术文化的学习、体悟,不但能发展自身的智力,而且能从中了解和领悟中国传统文化,提高自身的科学文化素质。

武术可以通过改善学生大脑的物质结构和机能状况,发展观察力,训练记忆力,启迪想象力,提高思维力,为智力开发创造良好的生理和环境条件。素质教育以培养学生的创新精神和实践能力为重点,而创新和实践恰恰是武

---

① 刘锐. 中华武术文化的哲学内涵 [J]. 四川体育科学, 2000 (3): 8-10.
② 张翠玲. 也论中国文化与中华武术 [J]. 山西高等学校社会科学学报, 2001 (2): 22-23.

术运动的重要特征。武术众多的拳种和门派，都是在创新的基础上产生和发展的，从某种程度上说，没有创新就没有武术的现在和将来。不仅如此，武术的创新还与实践紧密相连，在实践中创新，并在实践中检验。通过学习武术来培养学生的创新与实践能力，是一个良好的独特的途径。

武术是体力与智力相结合的身体活动。通过武术长期的体肤砥砺，在增强人的体质的同时，能使人的神经系统，特别是大脑得到充分锻炼。神经系统，特别是大脑的结构和机能直接影响到人们的智力活动和学习效果。健康的体质，特别是健全的神经系统是智力发展的物质基础，人的智力发展是建立在大脑这个物质基础之上的。现代科学研究发现，一个人聪明与否，同其大脑的体积和重量关系不大，但却与大脑的物质结构状况和机能有关：一是神经细胞突起分枝的多少；二是神经细胞和神经细胞群之间的联系网络的复杂程度；三是信息传导的速度。而武术的锻炼正可以促进这些方面的发展。神经系统的发展，除必要的营养外，关键在于提供足够的信息刺激。对人脑起作用的信息刺激，有的来自外部，有的来自内脏器官，如骨骼肌兴奋时产生的生物电。武术运动的各种动作，多是在短时间内甚至是一瞬间完成的，强调爆发力与力量速度。在这种情况下，肌肉活动产生的生物电对大脑皮层细胞的刺激越强，动员的神经细胞就越多，越有利于提高大脑皮层细胞活动的强度、灵活性、均衡性及综合分析能力，使整个神经系统的功能得到加强。可见，肌肉活动时产生的生物电，对神经系统是不可缺少的强有力的刺激物。

一个热爱武术并能经常从事武术锻炼的人，其神经系统特别是大脑的结构和机能会相应地得到改善和提高，对外界信息刺激的接受、传导和反应会更加迅速、准确，从而有利于学习效率的提高。

(二) 以武引善——武术以武成德的教育功能

人类早期的教育，就是通过语言学习和动作模仿的形式传授生存技能。"国之大事，唯祀与戎"，说明武术是古代教育的重要组成部分。到了近代，武术更是被列为院校正式课程。我国教育提倡德、智、体全面发展，而武术作为传统体育项目，既可强身健体，又能在锻炼中培养人良好的意志品质。武术锻炼能提高人的思想素质和道德修养，有助于树立正确的人生观和价值观，培养人们惩恶扬善、勤职敬业的精神。习练武术能升华人格，培养民族自豪感和荣辱感。封建社会中，习武者多不能文，可他们有良好的武德修养，他们除暴安良、替天行道、救民于水火，如秦末的陈胜、吴广，北宋的宋江，元末的郭子兴等草莽英雄；国有危难之时挺身而出，如汉朝的李广、宋朝的岳飞、明朝的戚继光等民族英雄；尤其是明朝时少林武僧抗击倭寇，清末义和团抗击外来侵略的事迹更是难能可贵。由此可见武德教育之成效。

中华武术博大精深，源远流长。虽说不同的门派、拳种，有不同的风格和特点，但几千年来，在武术的长期繁衍与发展中，无不都十分讲究礼仪，重视道德。我国古代许多习武的爱国志士仁人，一些不畏强暴、路见不平拔刀相助的行侠仗义之士，他们大多具备尊师重道、讲礼守信、见义勇为、奋勇拼搏的精神，这些良好的素质和高尚的道德情操也正是目前我们所需要的。今日武术，要树立中华民族的灵魂和精神，激发人们的爱国热忱，只有这样才能使中华武术真正被继承和发扬。

武术充分体现着中华民族的传统美德，崇尚武德是习武之人坚持的优良传统。武德首先表现在练武与修身、习艺与立人、品德与技艺的统一，把修己养身看作立身处世、实现人生价值的根本。绵延几千年的中华武术，是在中国传统文化的滋养和哺育下发展而来的，与中国古代"天人合一"论、阴阳说、五行说、八卦说互相融合，与美学、伦理学、教育、医学、兵法、气功等多种学科相渗透，使武术具有更加独特的魅力。要突破小武术，走向大武术，把武术作为一种文化现象来看待，才能体会到武术的博大精深。"未曾学艺先识礼，未曾习武先明德"，一语道破了我国古代武术教育的真谛。"内外双修"在今天仍然需要继承和发扬。当然，这不像技术教学那样具体，除了在教学训练中予以强调外，更主要的是要把它渗透到日常生活之中，久而久之，便能心领神会，以形传神，内外合一，达到"德技并重""内外双修"的理想境界。

中国的传统社会是一个注重伦理道德的社会，人的言行严格受到传统价值观念的约束，伦理道德是衡量人行为的标准。长此以往，形成了唯道德价值论，道德上的成就是人生最具价值的成就。与此同时，伦理道德的教化价值也日益显现，而修身养性和追求精神境界的完美则突出在首要地位。例如，在武术、气功、棋类等传统项目中，流派众多，门类繁杂，但都讲究正宗嫡传和遵循一定的道德价值规范，以健康长寿为目的，强调精神情感，讲究养神、养性、养德。

我国传统体育在儒家思想的影响下，形成了以健康长寿为目的的养生、娱乐体系。我国传统文化注重"存天理，灭人欲"，重德轻技，重群体价值，轻个人需要，其养生理论与实践非常丰富，有着科学的理论观点。例如，"阴阳平衡"的原理，用"性动"与"智用"来代表人的生理需求与心理需要，还强调建立适应社会环境和自然的生活方式等。以"修身、齐家、治国、平天下"等儒家传统思想为指导,即要求人们在道德上严格要求自己,在政治上守势,做到"清心寡欲",将修身与修德统一起来。由此起到了一种很好的道德规范作用。

武术文化的理论教学能培养学生的思想道德素质。在我国传统武术文化的教学中极力提倡武德修养。所谓武德,即尚武崇德,指习练武术的人所应遵循的道德规范,以及与之相适应的道德观念、情操和品质。在我国传统武术史的文献中,随处可见的是极力提倡以"仁义"精神为核心的武德观念。"武以德立,德为艺先",把武德放在武术教育的首位,是武术约定俗成的信条。武术传承重视武德教育,集中反映了武术通过修身培养人格的特点,而武术作为体育项目的目的是促进人格的全面发展。武德与武技的融合反映了武术的本质特征,而武技的展开又能体现武术的技击、套路、格斗、防卫、健身等功能。武术既是一项优秀的传统体育项目,也是民族文化的重要组成部分。学生通过对武术文化理论的学习,懂得武术不仅能强身健体、防身自卫,还可强化民族精神,培养学生尊师爱友、勇于吃苦、奋发向上、乐于助人、见义勇为、无私奉献和报效国家等"内圣外王"的思想品质。

(三)以武入哲——武术的哲学教育功能

武术不是一项简单的运动,因为武术本身除了技击本身向我们传达的表面意象外,它更向我们呈现了一种无与伦比的文化与哲学的盛宴。它传承了中华文明几乎所有的文化基因,浓缩了中国几千年文化于一身,与中国哲学、伦理学、美学、医学等的相通融合已是共识的命题。中国儒家哲学主"以德配天",主人道、重人生、重人格,主求善、重伦理、重道德、重修身,主心性、重人心、重人性、重内省。总之,中国儒家哲学倾向于人,追求人及人的和谐美满。[①] 再来回头看中华武术,我们会惊奇地发现,武术与中国伦理及其哲学有着水乳交融的关系。

武非武,武即道。道,从中国哲学精神的角度来看,就是一种"和合"之道。武术追求中和,追求舒泰、和平,追求至善达仁。武术进退攻守,虚实动静无不在"和"中求利,进退唯"和",攻守唯"和",中正安舒亦为"和";武者内心与外界亦须达至"和合"之境,和者心平,形则沉稳练达。所谓"一和和应一切和,一法圆通通一切法",即以不变之"和"应武学中

---

① 郑万耕. 中国哲学的现代诠释 [M]. 北京:北京师范大学出版社,2002:67.

之万变的情形。

武学倡导的"天人合一"的思想，也正一直秉承着"和合"这一优秀的哲学精华，以之作为武学的主体观念与追求的至高境界。武术是在东方特有的文化土壤中培育出来的特有的人体运动，它本身既是一种人体技击艺术，也是文化的载体。武术传统练功十分注意按自然四季和人体机能的变化而采用不同的习练方法，以求与天相"和"，助其功力。在技术方面，"和合"的观念是武术特有的技术要求与独具特色的理论概括。最典型的就是"内三和，外三合"的拳理。"和合"遂成为武者理解人生与技击之道的一种主要观念，成为武者一种基本的思维方式和价值准则。

因此，武术包容的"中""和"精神是解决当今社会矛盾与冲突的有效方法。回顾儒家哲学理论，它也有两个基本的内容尤为值得关注：一是"仁者爱人"，二是"和为贵"。前者是儒家文化的基本精神和理论前提，后者是君子的价值理想和价值尺度。最近一个时期，西方一些学者提出，如果人类要在21世纪生存下去，必须回到两千五百年前去吸收孔子的智慧。这主要指要以儒家"中""和"的价值标准，亦即武术中的"中和"思想，来处理国与国、家与家、人与人的关系，即虽有不同而趋和谐，不因不同而结党营私，以致危害国、家、人以及他国、他家、他人，特别在当今世界文化多元冲突、多元融合的错综复杂的形势下，价值观念往往成为导致世界动荡和文化冲突的原因之一。不建构一种融合各种文化价值观念为基础的文化价值体系，人类便不能共同面对自然、社会、人、心灵和文明这五个因素交融带来的挑战。当今学界正在探讨的建构"全球伦理"，也已明确地看到了"儒家这种中和思想及其理论对全球伦理建构的价值和意义。所以，建构新世纪的人类伦理文化，武术以及武术追求的并与之相通的儒家哲学的"中""和"文化精华应该是合乎人类共同需求的最佳选择。

（四）以武塑美——武术的审美教育功能

如果说武术的攻防知识与技能教育偏向于培养人的道德修养中真与善的话，那么套路的演练及其技巧与技能则是武术生活化的美育方式。"艺术源于生活，又高于生活"，艺术性的武术套路取材于攻防技击，但又艺术性地高于攻防实际，它是一种内在美与外在美的结合。武术美的本质反映着武术的本质特点，并且在人们直接或间接地参与武术运动的情况下，使人的感官产生愉悦，唤起人们内心的审美激情。

武术的主要特点是以修身去达到修心的最终目的。为的是在习练过程中使瞬间的体悟焕发出永恒的喜悦，以便直观自己本质力量的显现，在这种力量的驱使下，自己生理、心理极限得到一次次超越。人们对美的本质的追求不是空洞的、虚无的。从道德层面说，要追求人格的完善；从身心层面说，应追求智力与体魄和谐地发展。因此，对于每一个武术习练者来说，美就在于需要全身心去实践；在于满怀信心地从事武术这项运动的过程；在于意识到武术对于自己的作用；在于对武技掌握的欣慰和对下一武学目标自豪的许诺；在于体验到人类成功的内在品质（勇敢、顽强、果断、进取等）。拥有这些，才能在今后的事业与生活中奋发进取，得以成功。这些都是武术本质美的具体体现，是在自然生理基础上的社会性和精神性的有机结合。当然这些品质不单纯是武术审美教育所特有的，它也可以通过其他途径获得，只是武术的审美教育起到了举足轻重的作用。

人体美有外在的形态美和内在的心灵美，二者相互影响，应尽可能达到和谐统一。美学家蔡仪在谈到二者关系时说，人的肉体美是自然美，精神美便是社会美。人们内在的品质、性格、思想，如果符合于社会美的规律，并表现在行为方面、表现在人和人的社会关系方面，就是所谓的善。在社会生活领域中，美和善在根本上是一致的，美的事物未必全都是善的，但善的事物却一般就是美的事物。

拳谚曰："习武先习德。"习武者都知道，武德是武术家思想美的集中体现：一方面，跟一个人练武之前本身的思想修为有关；另一方面，可以通过后天练武过程中潜移默化地进行美的教育，使其不断完善、深化和提高。因此，可以通过武术本身内涵或外在的美育特点，加强美的教育，培养人良好的个性品德，达到修养身心、陶冶情操的目的。因此，在习武过程中，应把崇高的理想、高尚的情操、良好的道德和对恶的毫不妥协的斗争精神放在首位，使内在的心灵美与外在的形态美达到和谐统一。

综上所述，通过武术的习练，不仅能增强人的体质，使人的体形、姿势和动作更加优美，而且能促进人对美的感受、理解和追求，培养正确的审美观和表现美、创造美的能力，使人具有崇高的社会主义情操和文明行为的习惯，以旺盛的精力积极从事各项学习和实践活动，取得更好成绩。

（五）以武健体——武术的健身教育功能

1. 民族传统武术健身的多面性

民族传统武术是大众体育的重要组成部分，各民族在长期的繁衍发展过程中，创造了独特的民族传统武术这一运动形式，积累了符合各民族自身的独特的养身、健身形式。因地制宜地利用民族传统武术项目的优势，发挥它们的作用，才能更好地普及和开展全民健身活动。中华民族千百年来的习武实践和多年的科学研究证明，武术由于注重内外兼修，对身体有着多方面的良好影响，经常练习能达到壮内强外、身心兼修的效果。传统武术具有强烈的人文色彩，追求人与自然的和谐，要求顺应自然，天人合一。例如，长拳类套路包括屈伸、回环、跳跃、平衡、翻腾、跌扑等动作，通过内在神情贯注和呼吸的配合，以及人体各个器官的积极参与，不仅能提高身体内脏器官和中枢神经系统的功能，还对人体的速度、力量、灵敏、耐力、柔韧等机能的培养有良好的促进作用。

2. 武术健身防病、延年益寿的机理

根据解剖学理论，人体器官按形态和功能可分为八大系统，各系统既分工，又协作，使人体成为一个有机整体。各个系统或某一系统一旦失去平衡，疾病就会发生。武术对于人体各个系统有良好的作用，它能够健身防病、延年益寿。例如，武术中的太极拳就对神经系统和内分泌系统的功能有着良好的作用。练拳时，先入静片刻，使身心处于放松状态，引真气下行，意注丹田，感到真气充盈丹田（发热）之后，再由丹田内转启动周身，而且是以外呼吸引动内呼吸，以真气带动小腹内的诸脏器以螺旋形式转动起来，以意行气，以气运身。这样就使大脑皮层内的兴奋点集中于某一区域。根据生理学中的负诱导现象，大脑皮层某一区域兴奋的加强，势必使其他区域的兴奋减弱，起到抑制的作用。根据这一原理，经常从事武术锻炼，可以抑制大脑皮层中某些慢性病灶的兴奋，起到对某些慢性疾病的积极康复和医疗作用。

3. 武术对于运动系统、神经系统的功能

武术活动能促进机体的生长发育，提高运动系统的机能，使骨密质增厚、管状骨变粗、骨结增厚、骨结节粗隆增大，骨小梁的排列也随之产生适应性变化，使骨骼结实，抗压性增强。武术活动时，肌肉工作加强，血液供应增加，蛋白质等营养物质的吸收、储存能力增强，使肌纤维增粗，肌肉变得粗壮、结实有力。武术活动还可以提高神经系统对肌肉的控制能力。长期进行武术锻炼，可以改善和提高中枢神经系统的工作能力，促进中枢神经及其主导部分大脑皮质的兴奋增强，抑制加深，使兴奋和抑制更加集中，从而改善神经过程的均衡性和灵活性，提高大脑皮层的分析和综合能力，增强机体对外界环境变化的适应能力；同时改善和提高中枢神经系统对内部器官的调节作用，使各器官和各系统更加灵活协调，提高机体的工作能力。

武术为"身心修养之学",就是因为它是一种内外兼练的运动。例如,太极拳在内功方面吸取了中国道家吐纳与导引相结合的养生术以及传统医学的经络学说,其主要特点在于气沉丹田,丹田内转,形之于外即为胸腰折叠,节节贯穿,运动螺旋。拳论云:"出肾入肾是真诀。"每一个动作"全在胸中腰间运化","以腰为主宰,结合丹田带动(丹田内转)","腰不动,手不发"。腰和丹田不动,即便四肢很灵活,也是"单摆浮搁"。这种强调胸、腰、腹部运动的方法,对于健身有特殊的作用。习练太极拳,要求舌顶上颚,将频生的津液,徐徐送入丹田,可以助消化、养容颜。正如养生秘诀所云:"津液频生在舌端,寻常咽津在丹田,于中畅美无凝滞,百日功灵可驻颜。"

4. 武术对于循环系统和呼吸系统的功能

武术活动对循环呼吸系统影响很大。循环系统是一个封闭的管道系统,分为心血管系统和淋巴系统。人体的一切活动所需要的能量都来自体内营养物质的氧化。例如,吸进氧气、排出二氧化碳就需借助不停顿的呼吸运动。经常进行武术活动,能使呼吸肌的肌力增强,胸围、肺活量增大。需要激烈活动时,就能更好地发挥呼吸器官的机能,以保证活动时能量物质的供应。

氧是人体生命活动中不可缺少的物质,工作繁重,学习紧张,生活节奏加快,均可造成缺氧。缺氧对人的健康影响很大,轻者头晕乏力,心悸气短,注意力不易集中,反应迟钝,思维没有条理;重者头痛、恶心、呕吐、四肢动作欠协调、意识丧失、血压下降,甚至死亡。对缺氧者可以使用氧保健的方式来纠正,如吸氧等,但是最有效的补氧方式是坚持锻炼。武术中的很多拳种要求采用腹式呼吸,呼吸深、长、细、匀,并且与动作协调,这就使呼吸肌(横膈肌和肋间肌)得到很好的锻炼。长期习练,可以加强呼吸深度,增大肺活量,使胸腔的体积增大。人体运动时,腔内的负压和腹压变动也就增大,使脚部的静脉血更快地回流心脏,从而加快血液循环,促进能量物质的运送和人体的新陈代谢。

综上所述,武术文化是一种融中国文化多种基因的文化系统,充满了诸多哲学思想。因此,习练武术不仅可以强身健体、益寿延年,更能使人从中获得智慧,获得人生感悟。武术除了在德育、智育、美育、体育等方面有深刻的教育功能之外,其最深刻的教育意义也许当属武术的哲学教育功能了。

第四章 传统武术项目套路研究

传统武术经过长期的发展，内容越来越丰富多彩，所包含的项目非常多，其中不乏拳术、器械武术、养生气功、技击术等。这些项目又可以进一步细分为很多具体的运动项目。本章主要对初级剑术、太极拳、五禽戏、散打及南拳这几个典型的项目进行分析和阐述，以此来为传统武术学习提供相应的理论支持与实践指导。

第一节 初级剑术

一、初级剑术练习的发展概况

（一）练习内容的发展

相较于其他运动项目，初级剑术在学校中的开展情况并不乐观，普及程度也非常低。导致这一状况的一个重要原因，就是初级剑术的练习内容较为单一，且比较枯燥，学生学习的兴趣不高。因此，这就要求学校在初级剑术体育项目上的宣传力度进一步加大，并且使初级剑术的练习内容得到有效的丰富，使学生的学习愿望得到较好的满足，从而达到有效提高学生参与学习初级剑术的兴趣和积极性的目的。

（二）练习场地、器材等硬件设施的发展

初级剑术练习对场地的要求并不高，开阔平整的空地、篮球场等场地即可。目前，大部分高校具备了专门的室内剑术练习场馆，这就在一定程度上促进了初级剑术练习内容的丰富和练习质量的提高。另外，在器材方面，大部分学校能够以学生的数量为依据提供比较充足的符合初级剑术练习要求的剑术器材。

（三）师资力量的发展

关于学校中初级剑术教师，其往往具有本科学历，有一部分为硕士研究生学历，他们基本上是专业的体育院校的毕业生，而真正是剑术专业毕业的却很少。因此，为了进一步促进初级剑术练习的发展，就需要加强对专业教师综合素质和专业技能的培训。

（四）初级剑术练习中学生的发展

随着初级剑术的不断深入发展，学生对初级剑术还是有或多或少的认识和了解的。因此，在进行基本理论与实践练习的同时，就要求以学生的特点为主要依据，加入一些剑术历史与文化的相关内容，使学生对剑术的了解进一步加深，从而激发他们了解初级剑术的兴趣，并积极参与到初级剑术练习的活动中来。

二、初级剑术项目练习内容

（一）预备姿势

身体正直，并步站立。左手持剑，以拇指为一侧，中指、无名指和小指为另一侧，分握护手盘与剑柄的分界处，掌心贴在护手盘下部，手背朝前，食指贴于剑柄，剑身贴于前臂后侧。右手握成剑指，食指和中指伸直并拢，无名指和小指屈向手心，拇指压在无名指的指甲上，手腕反屈，手背朝上，食、中指内扣指向左下侧。两臂在体侧下垂，两肘微上提，目向左平视。

（二）第一段

1. 弓步直刺

右手接剑，左手握成剑指。左脚向前上半步、屈膝；右脚前脚掌碾地，脚跟外展，膝部挺直，成左弓步。同时，上身左转，右手持剑向身前平伸直刺，拇指一侧在上；左手剑指随之伸向身后平举，拇指一侧在上。目视剑尖。

2. 回身后劈

左脚不动，右脚向前上一步，膝略屈，上身右转。同时，右手持剑经上向后劈，剑高与肩平，拇指一侧在上；左手剑指随之由下向前上弧形绕环，在头顶上方屈肘侧举，拇指一侧在下。目视剑尖。

3. 弓步平抹

左脚向左前方上一步、屈膝；右腿在后，膝部挺直，脚尖里扣，成左弓步。同时，左手剑指由胸前下降，经左下向上弧形绕环，在头顶上方屈肘侧举，拇指一侧在下；右手持剑（手心转向上）随之向前平抹，剑尖稍向右斜。目视前方。

4. 弓步左撩

右腿屈膝在身前提起，脚尖下垂，脚背绷直。同时，右手持剑臂外旋使剑由前向上、向后划弧，至后方时，屈肘使手腕、前臂贴靠腹部，手心朝里；左手剑指随之由头顶上方下落，附于右手腕部（手心朝下），目视剑身；右腿继续向右前方落步、屈膝；左腿在后蹬直，脚尖里扣，成右弓步。同时，右手持剑由后向下、向前反手撩起，小指一侧在上；左手剑指随右手运动，仍附于右手腕处。目视剑尖。

5. 提膝平斩

左脚向前上一步，右手手腕向左上翻转、屈肘，使剑向左平绕至头部前上方，右脚随之由后向身前屈膝提起。右手继续翻转手腕，使剑向右平绕至右方后（手心朝上），再用力向前平斩；左手剑指由下向左、向上弧形绕环，屈肘横举于头部左上方。目视前方。

6. 回身下刺

右脚向前落步，脚尖外撇，膝略屈，上身右转。同时，右手持剑手腕反屈，使剑尖下垂，随之向后下方直刺，剑尖低于膝，拇指一侧在上；左手剑指先向身前的右手靠拢，然后在刺剑的同时，向前上方伸直，拇指一侧在上。目视剑尖。

7. 挂剑直刺

左脚向前上一步，屈膝略蹲，右臂内旋先使拇指一侧朝下成反手，然后翘腕、摆臂，使剑尖向左、向上抄挂，当持剑手抄至左肩时，再屈肘使剑平落于胸前，手心朝里；此时左腿伸直站立，右腿随之在身前屈膝提起，左手剑指屈肘附于右手腕处；接着，以左脚前脚掌碾地，上身右转，右手持剑使剑向下插，左手剑指仍附于右手腕处。目视剑尖；上动不停，仍以左脚前脚掌为轴碾地，右脚向身后跨一大步、屈膝，上身从右向后转；左腿在后蹬直，脚尖里扣，成右弓步。同时，右手持剑向前直刺，剑尖与肩同高，拇指一侧在上；左手剑指随之向后平伸，拇指一侧在上。目视剑尖。

8. 虚步架剑

右手持剑先将剑尖由左向右搅一小圈，臂内旋使持剑手的拇指一侧朝下。同时，以右脚跟和左脚前脚掌为轴碾地，右脚尖外撇，上身从右向后转，左脚向前收拢半步，两膝均略屈成交叉步。在转身的同时，右手持剑反手向后上方屈肘上架；左手剑指屈肘经左肩前附于右手腕处。目向左平视；右腿屈膝不动，左脚向前进一步，膝盖稍屈，前脚掌虚着地面，重心落于右腿，成左虚步。在右手持剑略向后牵引的同时，左手剑指向前平伸指出，手心朝下。目视剑指。

· 71 ·

(三) 第二段

1. 虚步平劈

左脚脚跟外展，上身右转，重心移于左脚，右脚跟随之离地，成为前脚掌虚着地面的右虚步。在转身的同时，左手持剑向下平劈，拇指侧在上，左手剑指即向上展时，手心向左上方，目视剑尖。

2. 弓步下劈

右脚踏实，身体重心前移，左手剑指伸向右腋下，右手持剑臂内旋使手心朝下。左脚随即向左前方上步，右脚在后伸直，脚尖里扣，成左弓步。在左脚上步的同时，右手持剑用腕向左平绕，划一小圈后向前下方劈剑，剑尖高与膝平；左手剑指随之由右腋下面向左向上绕环，在头顶上方屈肘侧举，上身略前俯。目视剑尖。

3. 带剑前点

右脚向左脚靠拢，以前脚尖虚着地面，两腿均屈膝略蹲。右手持剑向上屈腕，使剑向右耳际带回，肘微屈；左手剑指随之由前下落，附于右手腕处。目向右前方平视；上动不停，右脚向右前方跃一步，落地后即屈膝半蹲，全脚着地；左脚随之跟进，向右脚并步屈膝，以脚尖点地，成丁步。同时，右手持剑向前点击，拇指一侧在上；左手剑指即屈肘向头顶上方侧举，手心朝上。目视剑尖。

4. 提膝下截

右腿伸直，左腿退步后屈膝，上身后仰。右臂外旋手心朝上，使剑向右、向后上方弧形绕环；左手剑指不动，上动不停，右臂内旋使手心朝下，继续使剑向左向前下方划弧下截，同时上身向前探倾，左腿屈膝提起。目视剑尖。

5. 提膝互刺

右腿略屈膝，左脚向前落步，脚尖外撇。右臂外旋使手心朝上，并在左脚落步的同时向上甩肘，将剑柄收抱于胸前，手心朝里。剑尖高与肩平，左手剑指随之下落，屈肘按于剑柄上。此时两腿成交叉步，目视剑尖；右腿向身前用膝提起，左腿伸直站立。右手持剑向前平直刺出，拇指一侧在上，同时左手剑指向后平伸指出，手心朝下。目视剑尖。

6. 回身平崩

右脚向前落步，脚尖外撇；左脚前脚掌碾地使脚跟外转，屈膝略蹲，同时上身向右后转，成交叉步。右手持剑臂外旋使手心朝上，屈肘向胸前收回，剑身与右前臂成水平直线；左手剑指随之直臂上举，经左耳侧屈肘前落，附于右手心上面。目视剑尖；上身稍向右转，左腿挺膝伸直，右腿略屈膝。同时，右手持剑使剑的前端用力向右平崩，手心仍朝上；左手剑指屈肘向额部左上方侧举。目视剑尖。

7. 歇步下劈

右脚蹬地起跳，左脚向左跃步横跨一步，落地后，右腿即向左腿后侧插步，继而两腿屈膝全蹲，成歇步。在跃步的同时，右手持剑向上举起，并在形成歇步时向左下劈，拇指一侧在上，剑尖与踝关节同高；左手剑指随着下劈动作，下按于右手腕上面。目视剑身。

8. 提膝下点

右手持剑先使手心朝下成平剑，然后以两脚的前脚掌碾地，上身经右、向后转动，两腿边转边站立起来，右手持剑平绕一周。当剑绕至上身右侧时，上身稍向左后仰，同时剑身继续向外、向上弧形绕环，剑尖接近右耳侧；此时左手剑指离开右手腕向上屈肘侧举。目视前下方，上动不停，右腿伸直站立，左腿屈膝提起，上身向右侧下探俯，同时右手持剑向前下点击，拇指一侧在上。目视剑尖。

（四）第三段

1. 并步直刺

以右脚前脚掌为轴碾地，使上身向左后转。在转身的同时，右臂内旋并向拇指一侧屈腕，使剑尖指向转身后的身前，左手剑指随之由上经右肩前、腹前绕环，向正前方指出，手心朝下。目视剑指，左脚向前落步，右脚随之跟进并步，两腿均屈膝半蹲。同时，右手持剑向前平伸直刺，拇指一侧在上；左手剑指顺势附于右手腕处。目视剑尖。

2. 弓步上挑

右脚上步屈膝，同时左脚脚跟稍内转，左腿挺膝伸直，成右弓步。右手持剑直臂向上挑举，剑尖向上，手心朝左；左手剑指仍向前平伸指出，手心朝下。上身稍微前倾，目视剑指。

3. 歇步下劈

右腿伸直，左脚向前上步，脚尖外撇，随之两腿交叉屈膝全蹲，成歇步。同时，右手持剑向前下劈，拇指一侧在上，剑尖与踝关节同高；左手剑指屈肘附于右手腕里侧。上身稍前俯，目视剑身。

4. 右截腕

两脚以前脚掌碾地，并且两腿稍伸直立起，使上身右转，右腿屈膝半蹲，左腿稍屈膝，左脚前脚掌虚着地面，成左虚步。右臂内旋使拇指一侧朝下，用剑的前端下刃向前上方划弧翻转，随着上身起立成虚步，右手持剑再向右后上方托起，左手剑指仍附于右手腕，两肘均微屈。目视剑的前端。

5. 左截腕

左脚向前上半步，并以前脚掌碾地使上身向左后转，右脚随之向前上一步，前脚掌着地，两腿均屈膝，成左实右虚之右虚步。在右脚进步的同时，右臂外旋，使剑身的前端向左前上方划弧翻转，手心朝上，剑身与地面平行；左手剑指随之离开右手腕，屈肘向上侧举。目视剑的前端。

6. 跃步上挑

左脚经身前向前上一步，右脚随之在身后离地，小腿后弯。同时，右手心朝里，使剑由右向上、向左屈肘划弧，剑至上身左侧时，右手靠近左胯旁，拇指一侧在上并向上屈腕，左手剑指在右手向左下落时附于右手腕上。目视剑尖，左脚蹬地，右脚向右侧跃步，落地后屈膝略蹲，左脚随之离地屈膝从身后伸向右侧方，形成望月式平衡。上身向左侧倾俯。在右脚跃步的同时，右手持剑由左胯旁向下、向右划弧，当剑到达右侧方时，臂外旋并向拇指一侧屈腕，使剑向上挑击，左手剑指即向左上方屈肘横举，拇指一侧在下。目视右侧方。

7. 仆步下压

右手持剑使剑尖从头上经过，继而向身后、向右弧形平绕，当剑绕到右侧时，即屈肘将剑柄收抱于胸部前下方，手心朝上。同时，右膝伸直，上身立起，左腿屈膝提于身前，左手剑指仍横举于左额前上方；上动不停，左手剑指经身前下落，按在右手腕上。左脚随之向左侧落步，屈膝全蹲；右腿在右侧平铺伸直，脚尖里扣，成右仆步。同时，右手持剑用剑身平面向下带压，剑尖斜向右上方。上身前探，目向右平视。

8. 提膝直刺

两腿直立站起，左腿屈膝提于身前，右腿挺直站立。同时，右手持剑向身前平伸直刺，拇指一侧在上；左手剑指屈肘在左侧上举，拇指一侧在下，目视剑尖。

（五）第四段

1. 弓步平劈

右臂外旋，先使手心朝向背后、剑的下刃转翻向上，继而上身左转，同时左脚向左后侧落一大步、屈膝；右脚以前脚掌为轴碾地，脚跟稍外转，右腿挺膝伸直，成左弓步。左手剑指随着持剑臂的运行而向右、向下、向左、向上圆形绕环，仍屈肘举于头部左侧上方；同时，右手持剑向身前平劈，拇指一侧在上，臂要伸直，剑尖略高于肩。目视剑尖。

2. 回身后撩

右脚向前上一步，膝微屈；左脚随之离地，小腿向上弯曲；上身前俯，腰向右拧转。右手持剑随右脚上步而向后反撩，剑尖斜向下方，拇指一侧在下；左手剑指前伸成侧上举，拇指一侧在下。目视剑尖。

3. 歇步上崩

右脚蹬地，左脚向前跃步，上身随之向右后转；左脚落地，脚尖稍外撇，右腿摆向身后。在上身转动的同时，右臂外旋，使拇指一侧朝上；左手剑指在身后平伸，手心朝下。目视剑尖；上动不停，右脚在身后落步，两腿均屈膝全蹲，左大腿盖压在右大腿上，臀部坐在右小腿上，成歇步。同时，右手持剑直臂下压，手腕向拇指一侧上屈，使剑尖上崩；左手剑指随之屈肘在头部左上方侧举，拇指一侧在下。目视剑身。

4. 弓步斜削

左脚脚尖里扣，上身右转，右脚随之向前上步、屈膝，左腿在身后挺膝伸直，成右弓步。右手持剑臂外旋使手心朝上，在转身的同时，屈肘向左斜前收回；左手剑指随之从身前下落，按在剑柄上。上身向右前倾，目视前方；上动不停，右手持剑由后向前上方斜面弧形上削，手心斜向上方，手腕稍向掌心一侧弯曲；同时，左手剑指伸向后方，拇指一侧在上。目视剑尖。

5. 进步左撩

右腿伸直，上身向左转，左腿稍屈膝。同时，右手持剑使手心朝里经脸前边转身边向左划弧，剑至体前时，左手剑指附于右手腕里侧。目视剑尖；以右脚跟为轴碾地，脚尖外撇，上身向右后转；左脚随之向前上步，以前脚掌虚着地面。同时，右手持剑反手向下、向前、向上继续划弧撩起，剑至前上方时，肘部略屈，拇指一侧在下，剑尖高与肩平；左手剑指随右手动作，仍附于右手腕上。目视剑尖。

6. 进步右撩

右手持剑直臂向上、向右后方划弧，左手剑指随势收于右肩前，手心朝左。目视剑尖，左脚踏实后以脚跟为轴碾地，脚尖外撇，右脚随之向左脚前上一步，前脚掌虚着地面。同时，右手持剑由右向下、向前划弧抡臂撩起，剑至前方时，肘微屈，手心朝上，剑尖高与头平；左手剑指随之由右肩前向

· 75 ·

下、向前、向后上方绕环，屈肘侧举于头部左上方。目视剑尖。

7. 坐盘反撩

右脚踏实后向前上一小步，随即左脚从右腿后向右侧插一步，两腿屈膝下坐，成坐盘式。在左脚插步的同时，右手持剑向上、向左、向下、向右上方反手绕环斜上撩，剑尖高过头顶；左手剑指随之经体前向下。向后上方划弧，屈肘横举于左耳侧，拇指一侧在下。上身向左前倾俯，目视剑尖。

8. 转身云剑

右脚蹬地，两腿伸直站起，并以两脚的前脚掌碾地，使上身向左后转；转身之后，右腿屈膝略蹲，右脚踏实，左膝微屈，前脚掌虚着地面，身体重心落于右腿。同时，右手持剑随身体转动一周后屈肘使剑平举，拇指一侧在下；此时左手剑指附于右手腕处。目视剑尖，上动不停，上身后仰，右手持剑向左、向后、向右、向前圆形云绕一周，剑至身前时，右手手心朝上、松把，使剑尖下垂；左手剑指放开，拇指一侧朝上，准备接握右手之剑。此时重心前移，左脚踏实，右腿伸直，上身前倾。目视左手。

（六）结束动作

右手将剑柄交于左手后即握成剑指，左手接剑后反握住剑柄向身体左侧下垂。此时右脚向右前方上步，脚尖里扣，屈膝略蹲，上身随之左转；左脚随之向前移步，以前脚掌虚着地面，膝微屈。在上身左转的同时，右手剑指随之由身后向上屈肘侧举于头部右上方，手心朝上。目向左平视；右腿伸直，右脚向左脚靠拢，并步站立。右手剑指下落于身体右侧，手心朝下，恢复成预备势。目向正前方平视。

三、初级剑术项目练习要点

在初级剑术的练习过程中，需要对以下几个方面的练习要点加以注意。

（一）基本动作与方法的学练要进一步加强

基本动作与方法的学练，能够使初级剑术的练习质量得到有效的提高。这里所说的基本动作，是指具有剑形制特点的攻防技术动作，也就是所谓的基本剑法。剑术的基本技术往往是通过一些基本动作来体现的，所以，练习过程中，学生娴熟地掌握各种剑法的运行路线及使用方法，不仅对学生的记忆和提高学习兴趣起到积极的促进作用，还有助于动作规格的掌握、剑法的正确运用以及练习质量的提高。

（二）要对完整示范练习的时机进行准确把握

教师对完整示范练习的时机进行准确把握，是提高练习质量的一个重要手段。在剑术练习过程中，学生对一个组合动作的基本技术有了基本的掌握之后，就要求教师应及时地进行完整动作的示范，并且要做到在正确表现出剑法的轻巧、敏捷、力点准确及方法的同时，还要向学生完整、直接地展示出动作的劲力、节奏、风格特点起伏转折及神形合一的气势，从而使学生能够在头脑中建立一个完整的动作形象。

（三）进行组合动作的练习

进行组合动作的练习，也能够使初级剑术的练习质量得到有效的提高。将若干剑法根据不同对象并遵循由浅入深和由简到繁的原则，按照一定的劲力规律编排的若干动作组合，就是所谓的剑术组合动作。通过组合动作的练习，能够使各种剑法的技术水平得到进一步的提高，同时，还能够使学生掌握身械协调的能力和劲力顺达以及动作间的衔接要领的速度进一步加快。因此，在初级剑术的练习中进行组合动作的练习，具有非常重要的作用和意义。

（四）要注重形象练习

通过形象练习，能够使套路演练技巧得到有效的提高。因剑势轻灵、剑法变化多端，演练时要求气势贯穿，神形合一。练习过程中，可以采取形象的比喻方法来对剑术进行描述和说明，比如，较为贴切的说法有：像飞凤一样潇洒、像浮云一样飘逸、像脱兔一样敏捷轻灵等。通过形象的比喻方法，能够使学生的想象能力得到有效的提高。

第二节　太极拳

一、太极拳练习阶段与要求

通常情况下，可以将太极拳的练习大致分为基础阶段、熟练阶段以及自如阶段，每一个阶段的要求都有所不同，具体如下。

（一）基础阶段的基本要求

在太极拳项目学习的基础阶段，需要达到以下几个方面的要求。

1. 体松心静

所谓的体松心静，就是要做到身体放松，心里安静，精神集中，呼吸自然，学会适当调节自己的身体，消除紧张感，从而达到舒松肢体、安定心理的目的。从某种程度上来说，体松和心静是太极拳的基本修养。这一要求对于初学者来说，往往是很难做到的，要先对其有一个正确的认识，然后逐渐进行深入的了解和体会。

2. 立身中正

所谓的立身中正，就是中正安舒，端正自然。但是，很多人并没有对此引起重视，这就往往会使学练者动作的准确性得不到保证，产生一些不良的习惯，这些都不利于太极拳理想练习与训练效果的取得，因此，一定要做到立身中正。

3. 型法准确

太极拳的学习对学生的型法有着较高的要求，具体来说，就是做到对每种型法的规格、要领都要清楚，一招一式力求准确。因此，这就要求初学者不要过分追求多和快，而是从一开始就力求准确，抱着宁可学得少一点、努力做得好一点的学习态度，只有这样，才能够最扎实、最有效地学好太极拳。

4. 重心平稳

在太极拳的练习过程中，做到重心平稳也是非常重要的一个要求。在太极拳的学练过程中，腿部支撑力不足，打拳忽坐忽立，时起时伏；或者前进后退像散步一样，以至于练了一小时，身体不发热、不出汗等，一些重心不平稳的现象往往都会出现，这些问题往往会造成练习效果的不理想。因此，通过加强套路的学练，以及有针对性地加强桩功、行步等基本功练习，能够逐渐达到重心平稳的要求。

5. 舒展柔和

太极拳是一个柔和而饱满，具有向外膨胀，支撑八面的张力的运动项目，被称为柔中寓刚的"掤劲"。只有拥有一定基础的人才，才能够领略到太极拳的这一精髓，初学者在这方面对自身的要求可以相对降低一些，只要做到姿势舒展、动作柔和、柔而不软、展而不硬、刚柔适度即可。在此基础上，可以逐渐转变为更高层次地领悟太极拳的精髓。

（二）熟练阶段及其要求

在太极拳练习的熟练阶段，学生需要做到的要求总体上为完整协调、连贯圆活，动作如行云流水，和谐流畅，不发生"断劲"现象。

1. 上下相随

手、眼、身、步协调配合，周身形成一个整体，是太极拳学练者需要达到的最基本的要求。但是，对于初学者来说，由于初学者动作技巧掌握得不够熟练和牢固，往往会顾此失彼，产生"断劲"，很难达到要求。这就要求初学者通过努力的学习来建立良好的基础，从而取得进步，达到更高层次的要求。

2. 运转圆活

圆活和顺、转接自然是太极拳练习中的一个重要要求，达到这一要求能够使直来直往、生硬转换的现象得到有效避免。要在太极拳学练过程中做到运转圆活，就必须重视腰和臂的旋转，以腰为轴带动四肢的同时，也要做到以臂为轴牵引两手，使手脚动作和躯干连成一体。从某种程度上来说，运转圆活能够在一定程度上将技术的熟练程度体现出来。

3. 动作连贯

动作之间要前后衔接，绵绵不断，不允许出现明显的停顿和割裂现象，这是在太极拳练习的熟练阶段对动作连贯的具体要求。在太极拳练习过程中，往往会采用分解练习的方法来为初学者的对照检查提供一定的便利。需要强调的是，动作熟练以后，一定要将割裂痕迹消除掉。

(三) 自如阶段及其要求

意念引导和呼吸调整，力求气势流畅，内外相合，形意统一，得心应手，是太极拳练习自如阶段的总的要求，下面对其进行具体的分析。

1. 以意导体，分清虚实

在太极拳的练习过程中，思想专一对学生非常重要。但是，由于初学者往往将注意力放在手脚的动作、腰腿上、意念引导动作等方面，因此很难达到这一要求。另外，太极拳动作的虚实、劲力的刚柔、拳法的蓄发、身法的开合等都是这一要求的主要体现，因此，只有达到这一要求，才能够更好地领略太极拳的独特魅力。

2. 以气运身，气力相合

呼吸对于太极拳来说也是非常重要的，因此，要提高对呼吸的重视程度。一般来说，对于初学者，在呼吸方面的要求相对低一些，只要当吸则吸，当呼则呼，通畅自然即可。另外，随着练习者技术水平的逐渐提高，对呼吸的要求也越来越高，就是要逐渐将呼吸与动作配合起来，从而将动作和劲力更好地发挥出来。但是，需要强调的是，在太极拳学练过程中，尽管呼吸非常重要，但是，这并不是全部，较好的自然呼吸还是非常重要且必要的。

二、太极拳基本套路练习

关于太极拳基本套路的练习，这里就以二十四式太极拳为例来对其套路练习进行详细的阐述。

(一) 第一组

1. 起势

(1) 两脚并拢，身体自然直立，头颈正直；两臂自然下垂，两手指尖轻贴大腿侧；眼向前平视。

(2) 左脚向左慢慢开步，与肩同宽，脚尖向前。

(3) 两臂慢慢向前平举，两手高与肩平，与肩同宽，手心向下。

(4) 上体保持正直，两腿屈膝下蹲；同时两掌轻轻下按至腹前，两肘下垂与膝相对；眼平视前方。

2. 左右野马分鬃

(1) 上体微向右转，身体重心移至右腿上；同时右臂收在胸前平屈，手心向下，左手经体前向右下划弧放在右手下，手心向上，两手心相对成抱球状；左脚随即收到右脚内侧，脚尖点地；眼视右手。

(2) 上体微向左转，左脚向左前方迈出，同时左右手随转体慢慢分别向左上、右下错开；眼视左手。

(3) 上体继续左转，右脚跟后蹬，右腿自然伸直成左弓步；左右手随转体继续向左上、右下分开，左手高与眼平，手心斜向上，肘微屈；右手落在右胯旁，肘也微屈，手心向下，指尖向前；眼视左手。

(4) 上体慢慢后坐，身体重心移至右腿，左脚尖翘起，微向外撇（45°~60°），同时两手准备抱球。

(5) 左脚掌慢慢踏实，左腿慢慢前弓，身体左转，身体重心再移至左腿；同时左手翻转向下，左臂收在胸前平屈，右手向左上划弧放在左手下，两手心相对成抱球状；右脚随即收到左脚内侧，脚尖点地；眼视左手。

(6) 上体微右转，右腿向右前方迈出，同时左右手随转体慢慢分别向左下、右上错开；眼视右手。

(7) 左腿自然伸直成右弓步；同时上体继续右转，左右手继续随转体分别慢慢向左下、右上分开，右手高与眼平，手心斜向上，肘微屈；左手落在左胯旁，肘也微屈，手心向下，指尖向前；眼视右手。

(8) 与 (4) 解同，唯左右相反。

(9) 与 (5) 解同，唯左右相反。

(10) 与 (6) 解同，唯左右相反。

(11) 与 (7) 解同，唯左右相反。

3. 白鹤亮翅

（1）上体微向左转，左手翻掌向下，左臂平屈胸前，右手向左上划弧，手心转向上，与左手相对成抱球状；眼视左手。

（2）右脚跟进半步，上体后坐，身体重心移至右腿；上体先向右转，面向右前方，眼视右手；然后左脚稍向前移，脚尖点地，成左虚步；同时上体再微向左转，面向前方，两手随转体慢慢向左下、右上分开，右手上提停于右额前，手心向左后方，左手落于左胯前，手心向下，指尖向前；眼平视前方。

（二）第二组

1. 左右搂膝拗步

（1）右手从体前下落，由下向后上方划弧举至右肩外侧，肘微屈，手与耳同高，手心斜向上；左手由左下向上、向右下方划弧至右胸前，手心斜向下；同时上体先微向左再向右转；左脚收至右脚内侧，脚尖点地；眼视右手。

（2）上体左转，左脚向前（偏左）迈出成左弓步；同时右手屈回由耳侧向前推出，高与鼻尖平，左手向下由左膝前搂过落于左胯旁，指尖向前；眼视右手。

（3）右腿慢慢屈膝，上体后坐，重心移至右腿，左脚尖翘起微向外撇，随后脚慢慢踏实，左腿前弓，身体左转，重心移至左腿，右脚收到左脚内侧，脚尖点地；同时左手向外翻掌由左后向上划弧至左肩外侧，肘微屈，手与耳同高，手心斜向上；右手随转体向上向左下划弧落于左胸前，手心斜向下；眼视左手。

（4）与（2）解同，唯左右相反。

（5）与（3）解同，唯左右相反。

（6）与（2）解同。

2. 手挥琵琶

（1）右脚跟进半步，上体后坐，重心移至右腿上，上体半面向右转。

（2）左脚略提起稍向前移，变成左虚步，脚跟着地，脚尖翘起，膝部微屈；同时左手由左下向上挑举，高与鼻尖平，掌心向右，臂微屈；右手收回放在左臂肘部里侧，掌心向左；两手成侧立掌合于体前；眼视左手食指。

3. 左右倒卷肱

（1）上体右转，右手翻掌（手心向上）经腹前由下向后上方划弧平举，臂微屈，左手随即翻掌向上；眼的视线随着向右转体先右视，再转向前方视左手。

（2）右臂屈肘折向前，右手由耳侧向前推出，手心向前，左臂屈肘后撤，手心向上，撤至左肋外侧；同时左腿轻轻提起向后（偏左）退一步，脚掌先着地，然后全脚慢慢踏实，身体重心移到左腿上，成右虚步，右脚随转体以脚掌为轴扭正；眼视右手。

（3）上体微向左转。同时左手随转体向后上方划弧平举，手心向上，右手随即翻掌，掌心向上；眼随转体先左视，再转向前方视右手。

（4）与（2）解同，唯左右相反。

（5）与（3）解同，唯左右相反。

（6）与（2）解同。

（7）与（3）解同。

（8）与（2）解同，唯左右相反。

（三）第三组

1. 左揽雀尾

（1）上体微向左转，同时右手随转体向后上方划弧平举，手心向上，左手放松，手心向下；眼视左手。

（2）身体继续向右转，左手自然下落，逐渐翻掌经腹前划弧至右肋前，手心向上；右臂屈肘，手心转向下，收至右胸前，两手相对成抱球状；同时身体重心落在右腿上，右脚收至右脚内侧，脚尖点地；眼视右手。

（3）上体微向左转，左脚向左前方迈出，上体继续向左转，右腿自然蹬直，左腿屈膝成左弓步，同时左臂向左前方拥出（即左臂平屈成弓形，用前臂外侧和手背向前方推出），高与肩平，手心向后；右手向右下落，放于右胯旁，手心向下，指尖向前；眼视左前臂。

（4）身体微向左转，左手随即前伸翻掌向下，右手翻掌向上，经腹前向上、向前伸至左前臂下方；然后两手下捋，即上体向右转，两手经腹前向右后上方划弧，直至右手心向上，高与肩平，左臂平屈胸前，手心向后；同时身体重心移至右腿；眼视右手。

（5）体微向左转，右臂屈肘折回，右手附于左手腕里侧（相距约5厘米），上体继续向左转，双手同时向前慢慢挤出，左手心向后，右手心向前，左前臂要保持半圆；同时身体重心逐渐前移变成左弓步；眼视左手腕部。

（6）左手翻掌，手心向下，右手经左腕上方向前、向右伸出，高与左手齐，手心向下，两手左右分开，宽与肩同；然后右腿屈膝，上体慢慢后坐，身体重心移至右腿上，左脚尖翘起；同时两手屈肘回收至腹前，手心均向前下方；眼向前平视。

（7）上势不停，身体重心慢慢前移，同时两手向前、向上按出，掌心向前；左腿前弓成左弓步；眼平视前方。

2. 右揽雀尾

（1）上体后坐并向右转，身体重心移至右腿，左脚尖里扣；右手向右平行划弧至右侧，然后由右下经腹前向左上划弧至左肋前，手心向上；左臂平屈胸前，左手掌向下与右手成抱球状；同时身体重心移到左腿上，右脚收到左脚内侧，脚尖点地；眼视左手。

（2）同"左揽雀尾"（3）解，唯左右相反。

（3）同"左揽雀尾"（4）解，唯左右相反。

（4）同"左揽雀尾"（5）解，唯左右相反。

（5）同"左揽雀尾"（6）解，唯左右相反。

（6）同"左揽雀尾"（7）解，唯左右相反。

（四）第四组

1. 单鞭

（1）上体后坐，重心逐渐移至左腿，右脚尖里扣；同时上体左转，两手（左高右低）向左弧形运转，直至右臂平举，伸于身体左侧，手心向左，右手经腹前运至肋前，手心向后上方；眼视左手。

（2）重心再渐渐移至右腿上，上体右转，左脚向右脚靠拢，脚尖点地；同时右手向右上方划弧（手心由里转向外），至右侧方时变勾手，臂与肩平；左手向下经腹前向右上划弧停于右肩前，手心向里；眼视左手。

（3）上体微向左转，左脚向左前侧方迈出，右脚跟后蹬，成左弓步；在身体重心移向左腿的同时，左掌随上体的左转慢慢翻转向前推出，手心向前，手指与眼齐平，臂微屈；眼视左手。

2. 云手

（1）重心移至右腿上，身体渐向右转，左脚尖里扣；左手经腹前向右上划弧至右肩前，手心斜向后，同时右手松勾变掌，手心向右前；眼视左手。

（2）上体慢慢左转，重心随之逐渐左移；左手由脸前向左侧运转，手心渐渐转向左方；右手由右下经腹前向左上划弧，至左肩前，手心斜向后；同时右脚靠近左脚，成小开立步（两脚距离10～20厘米）；眼视右手。

（3）上体再向右转，同时左手经腹前向右上划弧至右肩前，手心斜向后；

右手向右侧运转，手心翻转向右；随之左腿向左横跨一步；眼视左手。

（4）同（2）解。

（5）同（3）解。

（6）同（2）解。

3. 单鞭

（1）上体向右转，右手随之向右运转，至右侧方时变成勾手；左手经腹前向右划弧至右肩前，手心向内；重心落在右腿上，左脚尖点地；眼视右手。

（2）上体微向左转，左脚向左前侧方迈出，右脚跟后蹬，成左弓步；在身体重心移向左腿的同时，上体继续左转，左掌慢慢翻转向前推出，成"单鞭"式。

（五）第五组

1. 高探马

（1）右脚跟进半步，身体重心逐渐后移至右腿上；右勾手变成掌，两手心翻转向上，两肘微屈；同时身体微向右转，左脚跟渐渐离地；眼视左前方。

（2）上体微向左转，面向左前方，右掌经右身旁向前推出，手心向前，手指与眼同高；左手收至左侧腰前，手心向上；同时左脚微向前移，脚尖点地，成左虚步；眼视右手。

2. 右蹬脚

（1）左手手心向上，前伸至右手腕背面，两手相互交叉，随即向两侧分开，并向下划弧，手心斜向下，同时左脚提起向左前侧方进步（脚尖稍外撇）；身体重心前移；右腿自然蹬直，成左弓步；眼视前方。

（2）两手南外圈向里圈划弧，两手交叉合抱于胸前，右手在外，手心均向后；同时左脚靠拢，脚尖点地；眼平视右前方。

（3）两手臂左右划弧分开平举，肘部微屈，手心均向外；同时右腿屈膝提起，右脚向右前方慢慢蹬出；眼视右手。

3. 双峰贯耳

（1）右腿收回，屈膝平举；左手由后向上、向前下落至体前，两手心均翻转向上，两手同时向下划弧，分落于右膝盖两侧；眼视前方。

（2）右脚向右前方落下，重心渐渐前移，成右弓步，面向右前方；同时两手下落，慢慢变拳，分别从两侧向上、向前划弧至面部前方，成钳形；两拳相对，高与耳齐，拳、眼都斜向内下（两拳中间距离为 10~20 厘米）；眼视右拳。

4. 转身左蹬脚

（1）左腿屈膝后坐，身体重心移至左腿，上体左转，右脚尖里扣；同时两拳变掌，由上向左右划弧分开平举，手心向前；眼视左手。

（2）身体重心再移至右腿，左脚收到右脚内侧，脚尖点地；同时两手由外圈向里圈划弧合抱于胸前，左手在外，手心均向后；眼平视左方。

（3）两手臂左右划弧分开平举，肘部微屈，手心均向外；同时左腿屈膝提起，左脚向左前方慢慢蹬出；眼视左手。

（六）第六组

1. 左下势独立

（1）左腿收回平屈，上体右转；右掌变成勾手，左掌向上、向右划弧下落，立于右肩前，掌心斜向后；眼视右手。

（2）右腿慢慢屈膝下蹲，左腿由内向左侧（偏后）伸出，成左仆步；左手下落（掌心向外）向左下顺左腿内侧向前穿出；眼视左手。

（3）身体重心前移，左脚跟为轴，脚尖尽量向外撇，左腿前弓，右腿后蹬，右脚尖里扣，上体微向左转并向前起身；同时左臂继续向前伸出（立掌），掌心向右，右勾手下落，勾尖向后；眼视左手。

（4）右腿慢慢提起、平屈，成左独立势；同时右勾手变掌，并由后下方顺右腿外侧向前弧形上挑，屈臂立于右腿上方，肘与膝相对，手心向左；左手落于左胯旁，手心向下，指尖向前；眼视右手。

2. 右下势独立

（1）右脚下落于左脚前，脚尖着地，然后以左脚前掌为轴，脚跟转动，身体随之左转，同时左手向后平举变成勾手，右掌随着转体向左侧划弧，立于左肩前，掌心斜向后；眼视左手。

（2）同"左下势独立"（2）解，唯左右相反。

（3）同"左下势独立"（3）解，唯左右相反。

（4）同"左下势独立"（4）解，唯左右相反。

（七）第七组

1. 左右穿梭

（1）身体微向左转，左腿向前落地，脚尖外撇，右脚跟离地，两腿屈膝成半坐盘式；同时两手在左胸前成抱球状（左上右下）；然后右脚收到左脚内侧，脚尖点地；眼视左前臂。

（2）身体右转，右脚向右前方迈出，屈膝弓腿成右弓步；右手由脸前向上举并翻掌停架在右额前,手心斜向下;左手向左下,再经体前向前推出,高与鼻尖平,手心向前;眼视左手。

(3) 身体重心略向后移,右脚尖稍向外撇,随即身体重心再移到右腿,左脚跟进,停于右脚内侧,脚尖点地;同时两手在胸前成抱球状(右上左下);眼视右前臂。

(4) 同(2)解,唯左右相反。

2. 海底针

(1) 右脚向前跟进,身体重心移至右腿,右脚稍向前移举步;右手下落经体前向后、向上提肘至肩上耳旁,左手下落至体前侧。

(2) 左脚尖点地成左虚点;同时身体稍向右转;右手再随身体左转,由右耳旁斜向前下方插出,掌心向左,指尖斜向下;与此同时,左手向前、向下划弧落于左胯旁,手心向下,指尖向前;眼视前下方。

3. 闪通臂

(1) 上体稍向右转,左脚微回收举步,同时两手上提;眼视前方。

(2) 左脚向前迈出,脚跟着地;左右两手分别向左前、右后分开;左手心向前,右手心向外;眼视前方。

(3) 重心前移,左腿屈膝弓成左弓步;同时右手屈臂上举,停于右额前上方,掌心翻转斜向上,拇指朝下;左手由胸前随重心前移慢慢向前推出,高与鼻尖平,手心向前;眼视左手。

(八)第八组

1. 转身搬拦捶

(1) 上体后坐,身体重心移至右腿上,左脚尖里扣;身体向右后转,然后身体重心再移至左腿上;与此同时,右手随着转体向右、向下(变拳)经腹前划弧至左肋旁,拳心向下;左掌上举于头前,掌心斜向上;眼视前方。

(2) 向右转体,右拳经胸前向前翻转撇出,拳心向上;左手落于左胯旁,掌心向下,指尖向前;同时右脚收回后(不要停顿或脚尖点地)即向前迈出,脚尖外撇;眼视右拳。

(3) 身体重心移至右腿上,左腿向前迈出一步;左手上起经左侧向前上划弧拦出,掌心向前上方;同时右拳向右划弧收到右腰旁,拳心向上;眼视左手。

(4) 左腿前弓成左弓步,同时右拳向前打出,拳眼向上,高与胸平,左手附于右前臂里侧;眼视右拳。

2. 如封似闭

（1）左手由右腕下向前伸出，右拳变掌，两手手心逐渐翻转向上并慢慢分开回收；同时身体后坐，左脚尖翘起，身体重心移至右腿；眼视前方。

（2）两手在胸前翻掌，向下经腹前再向上、向前推出；腕部与肩平，手心向前；同时左腿前弓成左弓步；眼视前方。

3. 十字手

（1）屈膝后坐，身体重心移向右腿，左脚尖里扣，向右转体；右手随着转体动作向右平摆划弧，与左手成两臂侧平举，掌心向前，肘部微屈；同时右脚尖随着转体稍向外撇，成右侧弓步；眼视右手。

（2）身体重心慢慢移至左腿，右脚尖里扣，随即向左收回，两脚距离与肩同宽，两腿逐渐蹬直，成开立步；同时两手向下经腹前向上划弧交叉合抱于胸前，两臂撑圆，腕高与肩平，右手在外，成十字手，手心均向后；眼视前方。

4. 收势

（1）两手向外翻掌，手心向下，两臂慢慢下落，停于腹前；眼视前方。

（2）两腿缓缓蹬直，同时两掌慢慢下落至大腿侧，然后收左脚成并步直立，眼视前方。

三、太极拳项目练习要点

作为一种柔和、缓慢、轻灵的拳术，太极拳有着较为显著的运动特点，主要表现为：动作轻柔圆活，处处带有弧形，运动绵绵不断，势势相承。总的来说，太极拳项目练习的要点主要有以下几个方面。

（一）在练习前要做到心静体松

在太极拳练习开始之前，为了达到心静体松的目的，往往会让学生有意识地放松站立片刻。这是因为心静往往能够使动作匀速和缓慢，从而使忽快忽慢等急躁现象得到有效避免；体松，则可以使身体姿势达到沉肩坠肘、自然舒胸和松腰敛臀等基本要求。因此，心静体松是太极拳练习的重要基础和前提。

（二）从单个动作和基本步法开始着手练习

在进行单个动作的练习时，往往会通过对典型动作进行分解练习的方法进行，这样对于动作内涵、方法、要求的认识的加深是较为有利的。有时也可以先进行上肢与上体动作的练习，以"云手"为例，可先原地进行手法与身法的配合练习，再与下肢配合起来练习。

步法的练习在太极拳套路练习中也是非常重要的,究其原因,主要是太极拳套路练习时的身体重心移动是通过步法的移动而进行的,而且始终是在缓慢而不停顿之中。掌握身体重心平稳和身体重心变化,则是太极拳步法练习的主要目的所在。以"进步"为例,两手可以自然下垂体侧或置于背后,当重心位于右脚时,左脚向前迈步,重心由脚跟逐渐过渡到全脚掌;随后重心后坐,左脚外撇,重心过渡到左脚时,右脚慢慢提起,前移进步。在进行"进步"的练习时,要做到动作平稳和缓慢,身体正直,不可忽高忽低,否则,所取得的练习效果就不甚理想。

(三)将静止架势与慢速连贯有机结合起来

以太极拳套路动作的先后顺序为主要依据,其练习具有一定的次序性。具体来说,就是要先教会每一个动作的静止正确架势,然后教每一动作的路线,最后再将这些动作贯串起来。这种先势后招的教法,能够使掌握静止动作架势的规范程度提高。但是,需要强调的是,在这种教法中,动作的过程和动作与动作间的连贯性,以及完整的讲解和示范练习也都是不容忽视的。练习时要将太极拳连绵不断的运动特点突出出来,同时,还要使学生在练习的整个过程中对这一特点都有较为深入的体会。

第三节　五禽戏

一、五禽戏练习的发展概况

当前,很多学校都已经开设了五禽戏这一项目,但是,项目形式往往都是选修课。学校中开设五禽戏选修课,能够通过对在校学生进行五禽戏运动的技术动作、文化内涵的教育,从而使学生对五禽戏运动的了解和认识进一步增强,同时,也使学生的身体素质得到有效的提高,促进身体健康,进而为终身体育意识的培养奠定坚实的基础。

五禽戏的技术动作原型为五种动物的形态,其有着非常丰富的练习内容,并且健身价值和休闲价值也非常高,这与学生的发展特点和需求是相适应的,因此,这一门选修课吸引了许多学生。

五禽戏看似简单,但是,要想达到准确、深入把握各技术动作和其文化内涵的程度,并不是一件容易的事情,因此,这就要求必须通过足够的课时数来使学生的学习效果得到有力的保障。但是当前的实际情况是,开展五禽戏选修课的高校中,大多数的课时数是比较少的,这对于学生准确、深入地把握五禽戏的动作要领与文化内涵是非常不利的,要对这方面加以重视和改革。

另外,从相关的研究中可以发现,五禽戏选修课的内容是非常单一的,并且往往只是传授实践内容,理论课的内容非常少,因此,大部分学生希望能够进行关于五禽戏的理论知识传授。这也是亟须解决的一个重要方面。

二、五禽戏项目练习内容

（一）虎戏

（1）自然站式,俯身,两手按地,用力使身躯前耸并配合吸气。当前耸至极后稍停,身躯后缩并呼气,如此三次。

（2）两手先左后右向前挪动,同时两脚向后退移,以极力拉伸腰身。

（3）抬头面朝天,再低头向前平视。

（4）像虎行一般用四肢前爬七步,后退七步。

（二）鹿戏

（1）四肢着地式,吸气,头颈向左转、双目向右侧后视,当左转至极后稍停,呼气、头颈回转,当转至朝地时再吸气,并继续向右转,如前法。如此左转三次,右转两次,最后还原如起势。

（2）抬左腿向后挺伸,稍停后放下左腿,抬右腿如法挺伸。如此后伸左腿三次,右腿两次。

（三）熊戏

（1）仰卧式,两腿屈膝拱起,两脚离床面,两手抱膝下,头颈用力向上,使肩背离开床面,略停,先以左肩侧滚落床面,当肩一触床面立即复头颈用力向上,肩离床面,略停后再以右肩侧滚落,复起。如此左右交替各七次。

（2）起身,两脚着床面成蹲式,两手分按同侧脚旁。

（3）如熊行走般,抬左脚和右手掌离床面。当左脚、右手掌回落后即抬起右脚和左手掌。如此左右交替,身躯亦随之左右摆动,片刻停止。

（四）猿戏

（1）选择牢固横竿一根,比自身略高,站立手指可触及高度,如猿攀物般以双手抓握横竿,使两脚悬空,做引体向上七次。

（2）先以左脚背勾住横竿放下两手,头身随之向下倒悬,略停后换右脚如法勾竿倒悬,如此左右交替各七次。

（五）鸟戏

（1）自然站式。吸气时跷起左腿,两臂侧平举,扬起眉毛,鼓足气力,如鸟展翅欲飞状。

（2）呼气时，左腿回落地面，两臂回落腿侧。接着跷右腿如法操作。如此左右交替各七次，然后坐下。

（3）屈右腿，两手抱膝下，拉腿膝近胸，稍停后两手换抱左膝下如法操作，如此左右也交替七次。

（4）两臂如鸟理翅般伸缩各七次。

三、五禽戏练习中的注意事项

在五禽戏练习过程中，为了保证练习的顺利进行和取得理想的练习效果，需要对以下几个方面加以注意。

（一）练习形式要多样化

针对五禽戏本身的特点来对其进行讲解，从而使学生能够对其娱乐性和趣味性有所了解，在组织练习上，要做到轻松、活泼、灵活、多样，并且将以学生为主的思想贯彻好。在练习过程中，由于学生之间存在着一定的差异性，这就要求有针对性地采取不同的练习策略来进行五禽戏的项目练习，具体来说，就是在练习内容、练习方法、练习手段等方面都有所差别，侧重点也有所不同。只有这样，才能够使学生都学到五禽戏的相关知识，领略到五禽戏的魅力。

另外，还要对实践与文化知识的融合引起重视。在五禽戏的练习过程中，教师要尽可能地使学生对知识、信息的需要得到满足，并且尽可能多地将一些学生感兴趣的内容收集起来，增加练习内容的丰富性和趣味性。为学生树立正确的体育运动观起到积极的作用，从而对实践课的练习起到积极的促进作用。

（二）遵循由浅入深、循序渐进的练习原则

五禽戏有着简单的动作，非常容易就能学会，但是，要练得纯熟，动作精细，也不是一蹴而就的，需要经过一段时间的练习才能够达成。因此，这就要求学生在开始学习五禽戏时，一定要先对动作的姿势变化和运行的路线有一个基本的掌握，并且将动作的来龙去脉弄清楚，通过先分解、后完整的练习方法来练习，学生边模仿边练习，初步做到"摇筋骨，动肢节"。然后通过逐势、逐戏的完整练习，来进一步提高动作的规范化程度，从而达到越来越熟练的目的。在熟练掌握五禽戏的技术动作之后，就要对动作和呼吸、意识、神韵的结合引起重视，对动作的内涵和意境进行深入细致的理解，从而真正达到"形神兼备、内外合一"的目的。需要强调的是，切勿在基础没打好的前提下就盲目追求内在体验。换句话说，只有由简到繁、由浅入深，循序渐进、逐步掌握，才能把基础打好，才能够有效避免偏差，也才能够得到更好的内在体验，对五禽戏的养生价值有更加深入的理解和认识。

（三）对考试评价方式进行深入改革

五禽戏成绩考核包含的内容有很多方面，其中，较为主要的有学生的平时表现、出勤率、技能、机能、基本技术水平、心理表现等，对这些方面进行考核和评价，对学生端正学习态度，培养健康的心理品质和行为习惯会起到积极的促进作用。另外，还要将把体育的人文价值渗透到学生的意识之中，成为学生生活中不可或缺的重要内容作为重要的目标和任务。

第四节　散打

一、散打项目练习特点

（一）以点带面，触类旁通

散打"以点带面，触类旁通"的练习特点，具体来说，就是要求教师在学生学习散打基本知识和基本技能的初级阶段，对学生进行积极的引导，从而使学生做到抓规律、抓基本、抓重点和抓共性，并且能够学会举一反三，达到一通百通的效果。而在练习初期就面面俱到，眉毛胡子一把抓的做法是错误的、不可取的，因为这样往往会导致学生对散打运动的核心知识和技术方法不能很好地掌握。但是，随着散打练习进度的不断深入，学生对散打技战术能够熟练掌握，并能在实战中正确运用时，教师是可以结合学生对散打技战术的具体掌握情况，使攻防技术内容和方法得到进一步的丰富的，这对于使学生全面掌握散打中各类技术的运用技巧是有所助益的。

（二）动作规范，注重实用

所谓的"动作规范"，是指学生在学习散打技法时，不仅要严格遵守动作的运行路线，对散打动作的技术要领、发力特点、着力部位等进行认真仔细的学习，还要对错误的动作和方法及时进行纠正，从而使错误的动作定型的形成得到有效避免，严格做到"路线明、方法清、力点准、发力顺"，因为只有这样，才能让学生准确掌握散打技术技能，才能在实战中通过灵活的运用来达到克敌制胜的目的。

"注重实用"主要从两个方面得到体现：一方面，散打有着非常丰富的技法，但每一项功法的功能都是对抗和搏击，因此，这就要求教师在教学过程中必须将散打的对抗性和搏击特点充分表现出来,并且让学生明白其实战价值,使练习内容与实际需求相符;另一方面,散打有着众多的流派,尽管流派之间存在着一定的差异性,但是,竞技性是它们共同的特点,因此,这就要求教师在散打教学过程中,要与当下的散打竞技规则有机结合起来,使学生明确比赛中的禁忌,从而更好地练习和运用散打技术,进而促进散打运动在学校中的发展。

（三）双人配合,贵在和谐

散打练习中,双人配合练习是经常被用到的练习组织方法,其有着多种多样的形式,具体练习内容往往以散打练习课的具体任务和练习目标为主要依据来进行相应的安排。需要注意的是,人们往往将克敌制胜作为散打的根本目标,这一观点是错误的,因此,这就要求教师在教学过程中应使学生对散打运动中的攻防矛盾以及"攻"与"防"二者之间的关系和特点加以明确,使学生能在双人配合学练的过程中,更好地运用散打技战术,同时,也使学生在实战中的应变能力得到有效的提高。

另外,教师在组织学生进行双人配合练习过程中,要将对学生的"为对方服务"的意识和品质的培养作为重点来加以重视,从而使学生在学练实践中能从对方的实际水平出发,对动作速度、动作力度、动作难度等进行有效的控制,并保持在一个对方最佳适应性的合理范围之内,进而达到在促进双方散打技术技能的提高的同时,还能够保证攻防双方的安全性的目的。

（四）陶冶情操,重视德育

散打练习,能够使学生的健康得到有效增进,格斗技能得到有效提升,除此之外,还能够使学生情操得到陶冶,高尚道德品质得到有效培养。因此,这就要求教师更加重视自己的言行举止,注重言传身教,将自身的模范带头作用充分发挥出来,培养学生高尚情操,同时,还要对学生的心理活动进行充分的了解,有针对性地培养学生良好的道德品质。

对于习武者来说,"未曾学艺先学礼,未曾习武先习德"是众所周知的。武德是从事武术活动的人在社会活动中所应具有的道德品质和行为准则,因此,对武德的培养是武术的重要传统,是不能忽视的。作为传统武术的一种,散打的武德培养也要引起重视。

（五）突出文化内涵,强调民族特性

散打不仅是传统武术的重要内容之一,也是我国优秀文化的重要组成部分。当前,民族,甚至是民族传统的各个方面之所以能够较好地传承并发展下来，主要是由于民族精神的存在。教师作为传承民族文化的重要传承者之一，在散打练习过程中，一定要将散打运动的文化内涵突出出来，并且要对散打运动的民族特性进行重点强调，为传承和弘扬我国优秀武术文化做出一定的贡献。

二、散打项目练习步骤

（一）明确概念

学生接触散打，认识散打最先要做的就是将散打的概念明确下来。在散打学习初期，学生对散打运动的认识还不够系统，这就要求教师在教学过程中，应该主要采取讲解的教学方法，让学生对散打运动的基本知识有一个正确的认识，并且将动作的初步概念建立起来；除此之外，还可以采用一定的讲解与示范相结合的教学方法，来让学生对动作的方向路线有一定的认识。

在该阶段的散打教学过程中，教师不要过多地强调动作细节，以避免分散学生对动作完整性的学习、引起学生疲劳的情况，进而使对练习效果的影响降到最低。

（二）对技术动作进行学习和掌握

在将散打的相关概念确定下来之后，就到达了一个重点，就是散打技术动作的学习和掌握。这一阶段主要是使学生对动作的运行路线、发力顺序、空间转换、击打力点等有一个感性认识。

在该阶段的散打练习过程中，为了使破坏学生刚刚建立起来的动作条件反射的情况得到有效避免，教师不要对动作细节进行过多的强调，而要善于抓住散打动作技术的关键，多运用示范、讲解等方法，来为学生体会散打技术动作提供一定的帮助。

（三）进一步强化技巧

在学生熟练掌握散打技术动作和动作方向路线之后，教师就可以对学生提出更高的要求，就是要准确掌握动作与姿势，并要求学生对各个散打技术动作的用力顺序、击打力点和攻防技巧进行仔细体会。

在散打的教学过程中，教师要加强对学生的技术动作细节的分析和引导的重视，适时给予学生信息强化，为学生消除错误和多余的动作、不断改进动作细节提供一定的帮助，从而使学生的散打技术动作做得更加协调、完整和准确，并通过组织学生反复练习技术动作，使正确的技术动作逐步成型、巩固和提高。

(四) 将所掌握的技术动作配合起来加以运用

在学生较好地完成上一阶段的任务之后,教师应抓住机会"趁热打铁",积极组织学生进行进一步的强化练习,使学生能初步学会对各种动作、技法的运用,并对正确、有效的配合加以强化、巩固和提高。

在散打练习过程中,教师要对学习情况相当的学生进行配合练习,并在两人的配合练习过程中提出不同的条件限制,以此来使学生学会对所掌握技术动作的灵活配合和运用,从而为下一阶段的练习奠定良好的基础。需要强调的是,教师在学生的配合练习中所提出的各种练习要求要与练习者的能力和水平相符,并且所提出的条件限制要适当,不可过高或者过低。

(五) 进行有条件的实战练习

现代散打与其他运动项目有所差别,主要表现在:散打运动中,即使学会动作,也并不能代表会用动作,因此,实战练习是非常重要且必要的,要使学生反复改进技术并能在实践中灵活运用。通常情况下,在学生理解和掌握散打技术动作后,教师可根据学生的实际情况和练习的目的进行条件实战的学习与训练,这样能够使学生的安全和伤害事故的避免都得到保证。一般来说,教师会安排两人进行有条件限制的攻防对抗练习。

教师对学生提出的限制条件不同,有助于学生在不同的技术、战术方面的理解和运用能力的锻炼和提升,同时,对学生时机、空间的感受和把握能力,以及学生在攻防、搏击中的反应和应变能力的培养和提升都是非常有利的,这就为自由实战练习奠定了坚实的基础。

(六) 进行自由实战练习

对于散打技术学习来说,自由实战是最高阶段,学生对散打动作、技术、战术的掌握程度和教师的散打练习效果,只有经过实战的检验,才能够将其最终确定下来。教师可以以学生的个人技术特点以及级别为主要依据,来对学生的自由实战进行相应的安排,从而使学生对技术动作的把握程度和运用能力得到有效的锻炼和提升,使其巩固所掌握的动作,形成正确的动力定型和独特的个人风格,最终达到有效提高学生各项技术的综合运用能力的目的。另外,还需要强调的是,在自由实战的练习中,教师要对学生进行积极的引导,使其学会自我分析和总结,以找出不足,进而使其实战能力得到进一步的提升。

三、散打项目练习内容

（一）准备姿势

（1）脚的基本姿势：以左脚在前为例，即左架，左脚落在右脚前方稍左的位置，也就是在十字两线交点上向左下角引出一条约40°的斜线，左脚落在斜线上，脚尖内扣约40°；右脚在后，距左脚约肩宽距离，脚跟微踮起，脚尖指向前方或偏右（约40°~45°）。两腿微屈，身体侧向前方。

（2）手的基本姿势：两脚的位置站好后，身体很自然地成了被打击面较小的侧向对方的姿势。然后再把两拳握起来。握拳时，是食指、中指、无名指、小指四指并拢卷握，大拇指紧捏在食指、中指的第二骨节上。

（二）基本步法

（1）进步。从准备姿势开始，后脚蹬地，前脚（左脚）先向前进半步，后脚再跟进半步。

（2）退步。从准备姿势开始，前脚蹬地，后脚（右脚）先后退半步，前脚再退回半步。

（3）跨步。从准备姿势开始，左（右）脚向左（右）侧跨半步，右（左）脚略向左（右）脚靠近，两膝弯曲。同时右臂向斜下伸出，左拳回收至腮旁。

（4）撤步。从准备姿势开始，前脚向后撤一步，成右前左后，左脚跟离地，右脚尖外展，重心偏于右腿。

（5）闪步。从准备姿势开始，左（右）脚向左（右）侧闪半步，右（左）脚随之向左（右）侧滑步。同时，向右（左）转体约90°。此步法也适用于侧闪防守。

（6）垫步。从准备姿势开始，后脚蹬地向前脚内侧并拢，同时前脚屈膝提起。

（7）纵步。单脚纵步：从准备姿势开始，一腿屈膝上提，另一腿连续蹬地向前移动；双脚纵步：从准备姿势开始，两脚同时蹬地，使身体向上或向前、后、左、右跳起，再落地。

（8）跃步。从准备姿势开始，右脚蹬地后向前跨跃一步，左脚继而再向前上一步，还原实战势。

（三）基本拳法

1. 冲拳

（1）左冲拳击头部

从准备姿势开始，右脚掌蹬地，使重心快速前移到左脚上，身体右转，右脚跟稍向内转一下，在转体的同时，探左肩，左臂迅速向前伸出，力量集中在拳头顶部，在击拳瞬间应该感到肩部有催劲。右手防护下颌，肘部防护身体；左手击打完成后应尽快收回成开始姿势。

（2）右冲拳击头部

从准备姿势开始，以右脚前脚掌支撑蹬地，同时脚跟外转，把蹬地力量传至全身。身体随左后转，旋右臂向前沿直线冲出，在接近目标刹那合肩，将拳握紧。随出拳瞬间，重心移在左脚上，全脚着地。右脚微向左脚踵跟进，右膝靠近左膝。收左手防护头及上体。此拳击打力量大，如能准确地击中对手薄弱点，可使其失去战斗力。

2. 掼拳

（1）左掼拳击上体

从准备姿势开始，重心右移，两膝微屈，重心下降。同时身体及腰部向右突转带动左手臂（左臂微屈）将拳成横向朝对方上体击出。右手保护头部。最好结合闪躲使用，边闪边击或闪后击打。

（2）右掼拳击上体

从准备姿势开始，上体向右转。同时身体微俯，右拳屈臂横向向左击出。边出拳边抬肘，碾脚，蹬地、转体带臂，重心左移。拳触目标时向里推击，防止对方把腹部绷紧。击后迅速成开始姿势。

3. 鞭拳

（1）左鞭拳击头

从准备姿势开始，重心前移，上身前探，左臂旋臂前伸，随之以肘为轴，猛甩腕翻拳，用拳背击打对方头部。可与掼拳相连，左掼拳击打落空可顺势反背逆向鞭击头部。也可用于败势退步时，突然左插步向左后转身180°鞭击对方。或前手伴攻，朝对手方向倒插步转身鞭击头部。

（2）右鞭拳击头

从准备姿势开始，重心前移，上身前探，右臂旋臂前伸，随之以肘为轴，猛甩腕翻拳，用拳背击打对方头部。可用于败势时，右脚插步，向右后转身用右拳鞭击对方头部，或前手伴攻，朝对手方向插步转身鞭击其头部。也可在右掼拳击头落空时，顺势反背逆向鞭击头部。

4. 抄拳

（1）左抄拳击上体

直接击打对手上体；或在防住对手右腿踢后，用左抄拳击其上体；或先用右手做假动作，使身体重心移至左脚，微屈膝，上体微向左转，重心下降，随之左膝蹬直，用左抄拳击对方上体。

（2）右抄拳击上体

从准备姿势开始，身体重心移至右脚，体位略下沉。右脚猛蹬地，使腰部突然微左转挺展带动手臂将拳由下向上抄起，击打对方腹部，同时重心移至左脚。一般随出拳向前跨一步。

（四）基本腿法

1. 正蹬腿

支撑腿微屈，另一腿蹬地屈膝上抬，脚尖微勾起，展髋向正前方猛蹬冲。同时上体微后倾，髋前送，右脚触及目标瞬间全身肌肉绷紧，力达足跟，再次发力用前脚掌点踏。

2. 鞭腿（侧弹腿）

前脚向前滑动一步，前移 10~20 厘米，带动后脚前移，支撑身体重量。几乎在落步同时，屈膝向斜前抬大腿、带小腿，随之用力拧腰转髋，猛挺膝，横向由外向内用力踢出，力达足背。

3. 侧踹腿

支撑腿脚尖微外转，腿微屈，侧对对方；另一腿屈膝高抬，脚尖自然勾起，脚外沿朝向对方，腿部猛然伸直，用脚掌沿直线蹬踹目标。发力瞬间转髋，加大旋转劲，以助腿部鞭打效果。踹腿时上体自然向相反方向倒体。踹腿越高倒体越大。

（五）基本快摔法

1. 接腿搂颈摔

己方右脚在前，对方起右脚蹬己方上体时，己方用左臂由外向内抓其小腿，右手搂其颈部并外旋。左手猛力上抬对方右腿，右手继续向右后下方边搂边抓压，形成力偶，同时用右脚截其支撑腿使其倒地。

2. 抓臂按颈别腿摔

对方用右掼拳或右直拳向己方头部击来，己方迅速向左微转体，用左前臂向左上架格挡住，左手下滑抓其腕部，随身体左转上右脚，用右腿别住对方右腿，右臂向左挟拧对方颈部时身体再向左拧转，左手用力向左后拉对方右臂，右臂向左下猛挟拧对方颈部，继续用力使对方倒地。

3. 抱腿压摔

对方用左边腿击己方上体，己方迅速靠近对方，用右手从上抓握其左脚踝，并屈左臂用肘窝夹住其左膝窝。右脚向右后撤一步，上体随之右后转并屈膝降重心。左臂夹紧其膝部，右手先向左后拽拉，后向上扳其小腿。左肩前靠，形成力偶，使对方向后倒地。

4. 闪躲穿裆靠摔

对方左脚在前，用左冲拳或掼拳向己方头部击来。己方迅速屈膝下潜，使对方击打落空。下潜的刹那，上右脚落于对方左脚后，同时用左手抓按对方的左膝，右臂沿对方左腿内侧伸进裆内，别住其右膝窝处，用头顶住对方胸部，上体用力向后猛靠使对方倒地。

5. 抱腿别摔

对方用左边腿击己方上体，己方迅速靠近对方，用右手从上抓其左脚腕，并屈左臂用肘窝夹住其左膝窝。随即躬身用左手由裆下穿，用左手掌扣住其右膝窝，右手往右后扳拉其左脚腕。身体右后转，同时下降重心，右手继续向右后扳拉，形成力偶，迫使对方瞬间失去重心而倒地。

6. 格挡搂推摔

对方左脚在前，用左冲拳或掼拳向己方头部击来。己方用右手臂上架来拳，并屈臂顺势向右后经由对方左臂外侧由上往下滑动，用力卡住其左臂。上左腿，右手下滑至对方左大腿时，向回按扒，同时用左手猛推对方左胸部，使其失去重心倒地。

（六）基本防守法

1. 拍压

左（右）拳变掌，以掌心或掌根为力点，由上向前下拍压。这种防守方法的适用范围是：对方以直线手法或腿法向己方中、下盘进攻时。

2. 挂挡

用左（右）手屈臂向同侧头部挂挡。这种防守方法的适用范围是：对方以横向的手法或腿法向己方中、上盘进攻时。

3. 里抄

左（右）臂微屈并外旋，紧贴腹前，手心朝上。同时右（左）手屈臂紧贴胸前，立掌虎口朝上，掌心朝外。

4. 外挂

外挂是指结合左、右闪步，挂防对方蹬、踹腿或横踹腿攻击己方中盘以下部位。实战势开始，以左手外挂为例。左拳由上向下、向后左斜挂，拳心朝里，肘尖朝后，臂微屈。

5. 提膝闪躲

实战势开始，前腿（左前右后）屈膝提起离地。这种防守方法的适用范围是：对方从正面或横向以腿法攻击己方下盘部位时。

6. 掩肘阻格

以左掩肘为例。左臂弯曲，前臂外旋，在腰微向右转的同时向内、向腹下滚掩，拳心朝里，以前臂尺骨下端（小指侧）为防守力点，含胸、收腹、低头。这种防守方法的适用范围是：对方以由下至上的手法攻击己方中、下盘部位时。

第五节 南拳

一、南拳项目练习的原则与特点

（一）南拳项目练习的原则

南拳练习基本上遵循一般体育练习原则，同时根据武术练习的一般练习规律，从实际出发，具体来说有以下五点。

（1）教师的主导作用与学生的主动性相结合。

（2）直观与思维相结合。

（3）系统性与专题性练习相结合。

（4）严格要求与区别对待相结合。

（5）巩固提高与训练相结合。

（二）南拳项目练习的特点

在上述练习原则下，南拳练习中应进一步发挥教师的积极性和灵活性，使南拳练习生动活泼，富有民族特色。另外，还需要注意武术练习的基本特点，概括起来有如下四点。

1. 以拳术套路为基础，基本功贯穿于练习的始终

拳术套路是器械套路的基础，学习器械前必须先学习拳术。学习任何套路都需练好基本功，不论学生水平如何，练习中都不能忽视基本功的练习。抓好基本功的练习对套路练习起着重要的作用。

2. 重视直观，以演示领做为主

南拳练习涉及的问题很多。首先是动作多，方向多变，又不对称，比较难记；其次是动作之间的衔接变化比较复杂，一个动作所包含的因素也比较多（外形有手、眼、身、步的配合，内有精神、气、意、劲的统一，内外合一）；此外，动作贯串起来后，节奏变化不同，各类套路的技法特点、演练风格各异……以上种种都给学生学习和掌握套路带来了一定的困难。因此，在练习中，教师除采取常规的示范以外，应特别注重直观练习法。直观练习法除教师亲自示范外，还应借助录像、图片、观摩等辅助练习手段。在练习过程中教师的领做示范使学生有较多的机会模仿、观察动作，是武术练习的主要手段之一。同时还应强化动作名称记忆，使学生尽快学会并掌握动作要领。

3. 强化攻防技击特点，突出劲力

武术套路是由若干个具有攻防技击含义的动作有机连接而成的。要使动作达到规范要求，必须强调对攻防方法的分析。通过攻防技击的示范和分解，使学生较快地理解动作的起止点、运行路线、着力点，从而加速对动作的掌握；同时还必须突出劲力要求，如果仅懂法而无力，其法则虚，表现不出武术的技击特点。因此，在练习中待学生掌握了动作路线和方法后，就应强调招式的速度和力量，经过反复的练习，逐步达到劲足力顺。

4. 强调内外兼修，突出不同拳种的风格

武术"内外合一"的特点，决定了任何武术动作与套路的学习都必须形神兼备，并通过外形动作把内在的精、气、神表现出来，强调内外联系、内行于外，达到筑其内、强其外。

武术内容丰富，各类拳术器械动作的规范、演绎技巧、劲道运动方式、节奏变化等差异很大，在练习中必须抓住不同拳术和器械的风格，才能使学生掌握各类拳术、器械的演练技巧。

二、南拳练习的阶段和练习步骤

根据人的认识规律、练习原则和武术技术动作的特点，分阶段进行练习，能使学生有顺序地、连贯地、系统地学习、掌握知识和技能。

（一）武术阶段的划分

第一阶段：基础练习阶段。进行武术的基本功、基本动作、动作组合和基础套路的练习。基础练习一般以长拳类的拳术为基础，要求学会动作，明确动作的规格，掌握练习方法，发展专项身体素质，提高身体适应能力。

第二阶段：在巩固第一阶段的基础上，学习和掌握刀、枪、剑、棍等器械套路，掌握其动作方法、技法、特点等。

第三阶段：学习不同风格的传统拳术和器械套路，同时还要学会代表性的对练套路以及散打技术。理论传授同步跟进，以扩大知识面和提高技术指导水平。

第四阶段：在全面掌握的基础上，根据学生的个人技术特点，发挥所长，选择项目进行训练提高。

划分阶段是为了便于确定各个阶段所要解决的主要任务。在练习实践中，每个阶段紧密相连，不能截然分开。

（二）南拳技术的练习步骤

南拳由多个动作组成，每个动作都包含着方向路线、架势结构、劲力方法、停歇顿挫、意气、神韵等要素。练习中应根据动作技能形成的生理学规律，使学生有层次地掌握动作的完整性。从初学到熟练掌握动作，一般可分为五个步骤。

第一步：初型概念期，即粗略地掌握动作。主要是通过教师的正确示范和讲解，给学生建立动作的初步概念。在教师缓慢地领做、简练地讲解指导下，使学生弄清动作方向、路线的来龙去脉。这个阶段的特点是：学生未具专项素质，缺乏控制能力，大脑皮层的暂时联系处于泛化阶段，练习中往往顾此失彼，动作紧张、僵硬不协调，并会产生多余的动作。因此，练习中对学生的动作不必苛求，不要过分强调动作路线方向的注意力，转移中枢的控制系统，以免降低兴奋性，影响练习效果。

第二步：基本成型期。学生在弄清了动作方向路线的基础上要求掌握动作势式，步型要准确、工整。这一步要求教师的示范动作要由缓慢变为较正常的速度。在练习过程中逐步要求手、眼、身、步变化部位准确，强调动作的细节和静止时架势与步型的工整。通过教师的反复讲解、示范，使学生领会动作要领，体会动作变化的细节，反复练习，克服紧张、僵硬、不协调等反应。但是就定型而论，这个阶段定型的技能是不巩固的，遇到新的刺激就会出现错误，甚至已经建立起来的动作概念也会消失，所以练习中教师应不断强化信息，严格要求，使正确的动作逐步成型巩固。

第三步：连贯定型期。要求学生将已掌握的动作贯串完整。练习中教师的示范不再是呆板地分解动作，而是进行充满生气的连贯完整的动作示范，要求学生动作连贯、协调、完整，强调动作转换的细节，提高自控能力。

第四步：内外求整期。这一步主要是通过教师对动作的劲力、作用、性质的分析，进一步阐明精神、意气与形体动作的结合，在教师指导下使学生体会"形神兼备""内外合一"的演练技巧，领会武术动作的特点和套路演练的风格，突出武术的特点。

第五步：巩固定型期。经过反复的练习，将前四个步骤所掌握的动作逐步巩固。这个阶段对练习要有明确的要求，抓住主要环节，及时纠正错误，使学生大脑皮层的暂时联系不断得到加强，从而形成正确的动力定型。但在练习中不必面面俱到、要求过高。武术动作技术包含的因素很多，要根据学生的接受能力和素质水平侧重要求。

（三）南拳的基本套路

1. 起势

以下八个动作是南少林五祖拳的独特起势，俗称"八部头"。

（1）预备势

面向场地正前方，两脚并立，身体正直，两臂自然下垂，眼视前方，身体左转90°成立正姿势。

在练习时，要注意身体自然正直，沉肩、含胸、头正、颈直、下颏内收、精神贯注。

（2）四平马步双插掌

左脚向左迈半步，与肩同宽。同时两掌握拳收于两侧胸旁，拳心向上。眼视前方。上动稍停，两腿屈膝略蹲成四平马步。两拳变掌向前下方直臂下插，掌心向内，高与胯齐。眼视前方。

做此动作要注意在两腿屈膝时，膝盖不得超过脚尖，两掌虎口相对。

（3）双坠拳

身体右转约45°，左脚跟外摆，左膝蹬直，右脚不动成右弓步。同时两掌握拳收于两侧胸旁，拳心向上。眼视前方。上动稍停，左脚跟内收，两腿屈膝成四平马步，身体左转向前方。同时两拳向前下方直臂坠击，拳心向内，高与胯平。眼视前方。

此动作劲从足生，发之于腰，以腰带肩，以肩带臂，集腿、腰、肩、臂之力向下坠击，拳面朝前下方。

（4）双擒掌

两拳变掌，交叉于胯前（右前左后），即掌指向上、掌背相贴穿至额前上方，左掌心朝右，右掌心朝左，两掌内旋（掌心向前），分别向两侧下按，高与肩平；两腕关节屈曲，掌心向下，指尖朝外下方，略宽于肩。眼视前方。

在按掌时，要注意两肘内扣，两掌外摆，扣腕、沉肩、坠肘。

(5) 双捆手

两掌变拳外旋的同时向下内收沉臂，两肘内夹至腹前，拳心向上。眼视两拳，两拳下沉内收，力达前臂。

(6) 抱印请拳

身体稍右转，左脚跟外摆，左膝蹬直，右脚不动成右弓步。同时两拳收于两侧胸旁，拳心向上。眼视前方。上动稍停，身体左转向前方；左脚跟内收，两腿屈膝成四平马步。同时左拳成仰掌，与右拳一起向里伸出，至腹前时右拳放于左掌之上。眼视拳掌。

在请拳时要求拧腰，含胸拔背，沉肩坠肘，收小腹夹裆，敛臀提肛。

(7) 弓步双吞掌

两腿不变，右拳变成掌，两掌同时向两侧分开，与肩同宽，两臂平行。眼视两掌。身体稍右转，左脚跟外摆，左膝蹬直，右脚不动成右弓步。同时两掌收于两侧。眼视前方。

在吞掌时要求拧腰，含胸拔背，沉肩坠肘，收小腹夹裆，敛臀提肛。

(8) 四平马步双吐掌

身体左转向前方，左脚跟内收，两腿屈膝成四平马步。同时两掌向前下方推掌至腹前，掌心向前，掌指朝上微外偏。眼视前方。

在推掌时要求两掌内旋并伸腕竖掌，须有沉劲。

2. 第一段

(1) 弓步双擒拳

身体右转，右脚向后退一步，左膝蹬直成右弓步。两掌向右后擒手成拳，右拳心向外，左拳心向里。眼视前方。

要求在双擒手两拳之间相距一前臂长的距离。

(2) 不丁不八步双冲拳

身体左转，左脚向前活步，右脚跟进半步成不丁不八步。两拳同时向前冲出，与肩同宽，拳心向下，高与肩平，眼视前方。同时发出"嗨"声。

此动作要注意不丁不八步的两脚相距应为一肩之宽，重心落在两脚之间，夹腿、敛臀、收腹。

(3) 三七步右挑掌

身体左转，右脚向右前方上步成三七步。两拳变掌在腹前交叉，左臂在外，右臂在内，即以右掌向右前上方挑掌，掌心向上；左掌变拳，收于左腰间,拳心向上。眼视右前方。

在进行挑掌时,右掌是由下经左侧身前向右上方半屈肘(135°左右)外旋弧形挑出,肘内夹,拧腰、转胯。

(4) 右弓步切掌

身体右转,左脚挺膝蹬后跟,重心前移成右弓步。右掌变拳收于腰间,拳心向上;左拳变掌向右下方击出,高与腹平,掌心向前。眼视左掌。

在切掌时,需力达掌外沿,拧腰、转胯、蹬左脚跟和切掌要同时完成。

(5) 左擒手弓步鞭拳

左脚向左前上步成半马步,左掌内旋半屈肘,经右侧身前向左前方屈腕擒手,掌心向下,高与肩平,肘内夹。眼视左掌。身体左转,右脚挺膝蹬后跟,重心前移成左弓步。左掌变拳收于腰间,拳心向上;右拳由腰间向后、向上举拳至头顶上方,同时拳外旋,拳心向上、向前下方弧形劈下,高与胸平。眼视前方。

要注意在擒手时须扣腕,掌指稍向左,鞭拳力达前臂,鞭拳与弓步必须同时完成。

(6) 弹踢缠腕双擒拳

身体左转,右脚稍向前移。两拳变掌在脸前交叉,右掌在里,左掌在外,掌心相对;两腕关节相贴挽一小花成左掌在里,右掌在外。眼视右前方。上动不停,左腿支撑稍屈,右腿提膝,足背绷直向前直腿弹出,高与胸平。两掌变拳向左后擒手,右拳心向里,左拳心向外。眼视右前方。

练习时,要注意挽花不宜太大;擒手时须有劲力,并与弹踢同时完成;弹踢须快而有力,体现寸劲。

(7) 退步左虚步双勾掌

右脚向后退一步,屈膝半蹲成左虚步。两拳变掌在身前交叉(左前右后),并分别经对侧向同侧大腿前方半屈肘、屈腕弧形向外勾掌,掌心向下,掌指朝外下方。眼视前方。

在进行此动作的练习时,要注意勾掌与虚步要同时完成。

(8) 半马步撞肘

身体左转,左脚向前活步,右脚随之向前上一大步成半马步。右掌变拳,屈右肘,用肘尖由外向内上方以肩为轴斜向弧形击出,拳心向下,高与肩平;左掌附于右拳面。眼视右前方。

在撞肘时,右脚尽力向前上步,左脚跟半步,两脚向前滑步。

(9) 半马步双鞭拳

右脚向前活步，左脚跟进一步成半马步。两手成拳由胸前向左、向上、向右前方弧形劈下，止于右前方，两拳心均朝上，右拳高与肩平，左拳停于右肩前，眼视右拳。同时发出"嗨"声。

在练习时，要注意鞭拳与转腰须配合协调，劲力充足，力达前臂。

(10) 单蝶步下切掌

身体右转，左脚蹬地，右腿屈膝抬起向左跨步，两脚同时落地屈膝下蹲成单蝶步。右拳收于腰间，拳心向上；左拳变掌向上、向右、向左下切掌，掌心向下，掌指朝左。眼视左方。

练习时，要注意单蝶步左小腿内侧全部着地，落地时轻而稳，切掌力达掌外沿。

3. 第二段

(1) 麒麟步右弓步叠掌

右脚向左脚前上步，脚尖外撇，身体随之右转。左前臂外旋，右前臂内旋，两掌向身体右侧叠掌，左掌在上。眼视左掌。左脚向右脚前上步，脚尖外撇，身体随之左转。左前臂外旋，右前臂内旋，两掌向身体左侧叠掌，右掌在上。眼视右掌。右脚向右前方上步，随即成右弓步。两掌向右前方推出，右掌指尖朝上，左掌指尖朝下。眼视右掌。

在练习时，右脚上步先成半马步，然后即转胯蹬左脚跟成右弓步；叠掌掌根相距约10厘米，臂伸直。推掌、转胯、蹬后跟三者须一致。

(2) 左弓步双虎爪

左脚向右脚前盖步，两掌变虎爪，右爪经面前向左下方划弧成护面爪，左爪收至腰左侧，眼视右爪。右腿稍抬起，左腿蹬地跳起，两腿屈膝悬空。同时左爪经面前向右下方划弧成护面爪，右爪随跳起自然绕至腰右侧。两脚落地，身体左转成左弓步。同时右爪向前推抓，左爪伏于右肘下。眼视右爪，同时发声"呜"。

在练习时，注意腾空要高，落地要稳；虎爪五指用力向手背的一面伸张，使掌心凸出。

(3) 横钉腿右弓步滚桥

右腿屈膝由后向右、向前横钉，左虎爪变掌向前穿压，右拳摆向身后。眼视右脚。右脚向后落步，右拳前冲成平拳，左掌变拳收于腰左侧。眼视右拳。身体右转成右弓步，左前臂内旋向左前下方滚桥；右臂屈肘，右拳拉至右胸前,两拳拳心朝下。眼视左前方。

横钉腿脚尖勾起,用力从侧方向前由屈到伸猛力横钉,钉出后膝部伸直,脚与胯平,支撑腿屈,站立要稳,左前臂向前下滚转。

(4)右弓步双推单指

两拳变单指手,屈肘收至胸前,随即两肘下沉发力,两手向两侧缓慢推出。眼视左手。

(5)左横裆步右抛拳

身体左转成横裆步,两单指变拳,右拳由后经下向左上方抛起,左拳由前经下向右、向后抡摆。眼视右前方。

在练习时,要注意拳是自下向上呈环形运动,臂微屈,力达拳眼。

(6)右横裆步左抛拳

身体右转成右横裆步,左拳由后经下向右上方抛起,右拳下落向左、向后抡摆。眼视左前方。

在练习时,两腿均须向前活步。

(7)上步挂盖拳

左脚向前上步,左臂内旋,左拳由左向下经右向上、向左抡挂。眼视左拳。身体左转成左弓步,右拳经上向前盖压,左拳摆向身后。眼视前方。

在挂盖拳时,拳是自上向下呈弧形快速扣击,臂微屈,力达拳面,上体稍前倾。

(8)插步鞭拳

右脚向前上步,身体随之左转,左拳变掌与右拳同时摆向左侧。目随左掌。左脚向右脚后插步,右拳向右平抡鞭挞,左掌护于右胸前。眼视右拳。

在练习时,鞭拳力达拳面,上下协调一致。

(9)退步弓步冲拳

右脚向后退步成左弓步,右拳前冲成平拳,左掌向前搂手成拳收于腰左侧,拳心向上。眼视前方。

在练习时,冲拳与退步同时完成,拳高与肩平。

(10)虚步推掌冲拳

右脚向左脚前上步,脚尖外撇,身体右转。左拳变掌,两臂屈肘向右侧环抱,左掌心与右拳面相对。目随左方,左脚向左前上步,脚尖点地成左虚步。右拳前冲,左掌前推,两臂稍宽于肩。眼视前方。

在练习时,冲拳、推掌与虚步同时完成。

4. 收势

(1) 并步抱拳

左脚向后退步,身体右转。左掌变拳,两拳即屈肘收于胸前,拳面相对,拳心向下。眼视两拳。右脚、左脚相继向后退步成并步站立,两拳经上向前下挂出并顺势收于两腰间。眼视前方。

注意完成动作要干净利落,一气呵成。

(2) 立正收势

两拳变掌下垂于身体两侧,眼视前方。身体右转90°成立正姿势,眼视前方。

第五章　传统武术兵器套路研究

传统武术套路作为传统武术的重要运动形式，在练习中具有非常重要的地位。本章对传统武术套路练习的实践进行研究，以期对套路的练习起到指导作用。

第一节　剑术

剑，是由古代的兵器演化而来的一种常用的武器，是非常理想的自卫武器。根据史料的记载，剑最早出现在商代，当时的剑相对较短，一般长度在30厘米左右，其特征是茎短、无手柄。

一、预备势

两脚并步站立，左手持剑于身体左侧，肘关节微屈，右手呈剑指垂于体右侧，目视前方，如图5-1所示。

图5-1

二、并步提剑

两臂屈肘提撑，右腕稍内扣；同时头向左转，目视左前方，如图 5-2 所示。

图 5-2

（一）第一段

1. 并步持剑前指

（1）身体左转约 90°，左脚向前上步呈左弓步。同时左手持剑随转体向上经右胸前绕至体前与肩同高，手心斜向下；右剑指向后抬起，与肩同高，手心向下；目视前方，如图 5-3 所示。

图 5-3

（2）重心前移，右脚向左脚靠拢呈并步。同时左手持剑下落于身体左侧，右剑指向上经耳侧向前伸出，手心斜向前；目视前方，如图 5-4 所示。

· 109 ·

图 5-4

2. 虚步接剑

（1）右脚向后撤步，左腿稍屈。同时左手持剑向前平举，与肩同高，手心斜向下；右剑指向下后摆，与肩同高，手心向右；目视前方，如图 5-5 所示。

图 5-5

（2）重心后移，右腿屈膝半蹲，左脚稍后撤呈虚步。左臂屈肘回收，左手持剑位于胸前，手心向右；右臂屈肘回收，右剑指位于胸前，手心向左，准备接握左手之剑；目视前方，如图 5-6 所示。

图 5-6

3. 弓步刺剑

重心前移，左脚向前进步呈左弓步。同时右手接握剑下落于右侧腰部后向体前直臂刺出，与肩同高，虎口向上；左剑指随势向体后直臂伸出，略低于肩，手心向左；目视剑尖，如图 5-7 所示。

图 5-7

4. 插步斩剑

右脚向前上步，屈膝，脚尖稍外展；左脚跟离地，腿伸直呈叉步。同时上体右转，右手握剑向后平斩，与肩同高，手心向下；左剑指向下、向前、向上绕至头部左上方。目视剑尖，如图 5-8 所示。

图 5-8

5. 弓步劈剑

上体稍左转，左脚向前上步呈左弓步；同时右手握剑向上、向前下劈，与肩同高，虎口侧剑刃向上；左剑指向下经右向左绕至头部上方；目视剑尖，如图 5-9 所示。

图 5-9

6. 提膝截剑

上体右转，左腿支撑，右腿屈膝提起；同时右手持剑随转体剑身斜向下截至身体右后侧，臂与剑呈直线，手心斜向下，力达剑身前部；左剑指摆落至右肩前，如图 5-10 所示。

图 5-10

7. 歇步崩剑

（1）右脚向前落步，身体右转 90°，两腿屈膝。同时右手握剑向上经体前扣腕下落于腹前；左剑指向上经体前下落附于右手腕处；目视剑尖，如图 5-11 所示。

（2）左脚向左撤步，同时右手握剑臂内旋向下、向右反臂撩出，虎口向下，左剑指向身体左侧伸出；目视前方，如图 5-12 所示。

图 5-11

图 5-12

（3）身体稍右转；右脚向后插步，两腿屈膝全蹲呈歇步。同时右手握剑臂外旋，使虎口侧剑刃向上，扣腕，剑上崩，剑尖略高于头部；左剑指上举至头部左上方；目视前方，如图 5-13 所示。

图 5-13

8. 弓步削剑

(1) 身体立起并右转约90°；同时剑尖下落与腰同高，手心斜向上，左剑指下落附于右手腕处，手心斜向下；目视剑尖，如图5-14所示。

图 5-14

(2) 身体继续右转约90°，同时右脚随转体向前进步呈右弓步。右手握剑直臂向体前削出，剑尖略高于头部，手心向下；左剑指后展，与腰同高，手心向下；目视剑尖，如图5-15所示。

图 5-15

9. 丁步点剑

(1) 身体重心左移，左腿屈膝，右腿伸直，上体左倾。同时右手握剑，屈腕下落，剑身斜立于臂侧；左剑指回收附于右手腕处；目视剑尖，如图5-16所示。

图 5 – 16

（2）重心右移，右腿屈膝半蹲，左脚随之向右回收至右脚内侧，脚尖着地呈丁步。同时右手握剑向右下方提腕点剑；剑指向左绕至头上方。目视剑尖，如图 5 – 17 所示。

图 5 – 17

（二）第二段

1. 并步刺剑

（1）身体立起，并左转 90°；左脚随转体向前上一步。同时右手握剑臂内旋扣腕，使剑提于胯旁；左剑指下落经右胸前向体前挑起，与肩同高，手心斜向前；目视前方，如图 5 – 18 所示。

（2）右脚向左脚内侧落步震脚，两腿屈膝半蹲。同时右手握剑向体前直刺，与肩同高，虎口侧剑刃向上；左剑指回收附于右臂内侧，手心斜向下；目视剑尖，如图 5 – 19 所示。

· 115 ·

图 5-18

图 5-19

2. 弓步挑剑

右脚向前上步呈右弓步；右手握剑直臂上挑，剑尖向上，手心向左；左剑指直臂前指，与肩同高，手心斜向前；目视前方，如图 5-20 所示。

3. 歇步劈剑

重心前移，左脚向前上步，脚尖外展，右脚跟离地，两腿屈膝全蹲呈歇步。右手握剑直臂向体前下劈，剑尖与腰同高，虎口侧剑刃向上；左剑指回收附于右小臂内侧，手心斜向下；目视剑尖，如图 5-21 所示。

图 5-20

图 5-21

4. 上步截剑

（1）身体立起，右脚向前上步；随之左脚再向前上步呈虚步。同时右手握剑，以腕为轴，使剑的前端逆时针划弧一周后随上步架起，手心向右；目视前方，如图 5-22 所示。

图 5-22

（2）左脚向前上步，随之右脚再向前上步呈虚步。同时右手握剑，以腕为轴，使剑的前端顺时针划弧一周后随上步托起，手心向右；左剑指向下经右胸前向左、向上绕至头部左上方；目视前方，如图5-23所示。

图5-23

5. 跳步撩剑

（1）左脚向前上步，脚尖外展，随之身体左转，右脚随转体向身体右侧摆起。右手握剑向上、向左落于腹前，虎口向上；左剑指下落于右手腕处，手心斜向下；目视左方，如图5-24所示。

图5-24

（2）左脚蹬地起跳，随之右脚下落支撑站立，左脚向体后撩，呈望月平衡。右手握剑向下、向后直臂撩出，剑尖略高于头部，小指侧剑刃向上；左剑指向下、向左挑起，与头部同高；目视剑尖，如图5-25所示。

图5-25

6. 仆步压剑

（1）身体右转约90°，右脚辗转，左脚向身体左侧落步，稍屈膝。右手握剑，以腕为轴，立剑在体前向下贴身立圆绕环一周，随之臂外旋，使手心翻转向上，目视剑尖，如图5-26所示。

图5-26

（2）重心左移，左腿全蹲，右腿平铺呈仆步。同时右手握剑屈肘回带，下压于腹前，左臂屈肘回收，左剑指附于右手腕处，手心向下，目视剑尖，如图5-27所示。

7. 提膝刺剑

重心右移，右腿支撑站立，左腿屈膝向体前提起。同时右手握剑向身体右侧直臂刺出，与肩同高，手心向上；左剑指向上架起，位于头部左上方；目视剑尖，如图5-28所示。

图 5-27

图 5-28

8. 上步左右挂剑

（1）身体左转约90°，左脚随转体向前落步。同时右手握剑臂内旋，随转体向上、向前经身体左侧向后挂起，虎口侧剑刃向上；左剑指向前弧形下落附于右腕处；目视前方，如图 5-29 所示。

图 5-29

· 120 ·

（2）右脚向前上步，左脚跟离地；右手握剑向上、向前经身体右侧向后挂起；左剑指随剑向上、向前伸出，与眼同高，虎口斜向上；目视剑指，如图5-30所示。

图 5-30

9. 提膝点剑

（1）上体稍右转；左脚随转体向前跳一步，屈膝落地，随即右脚经左脚后向左侧插步，前脚掌着地。右手握剑向上经体前扣腕下落于腹前，虎口向上；左手剑指向上屈肘下落于右手腕处；目视剑尖，如图5-31所示。

图 5-31

（2）身体右转180°，同时两膝伸直。右手握剑随转体向下、向右划弧至头上方，左剑指向下、向左伸出，手心向下，目视右前方，如图5-32所示。

图 5-32

（3）右腿直立支撑，左腿屈膝上提。右手握剑直臂向右下踢腕点剑，虎口侧剑刃向上；左剑指上驾于头左上方；目视剑尖，如图 5-33 所示。

图 5-33

10. 歇步反刺剑

左腿向右腿后插步，两腿屈膝全蹲呈歇步。同时右手握剑扣腕使剑尖向上、向下经体前向右侧下刺出，左剑指下落附于右肩前方，如图 5-34、图 5-35 所示。

图 5-34

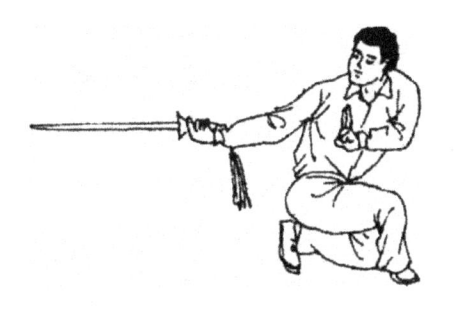

图 5-35

11. 行步穿剑

（1）上体立起，身体左转约90°，左脚尖点地；同时左剑指向上、向前弧形摆至体前斜上方；目视剑指，如图 5-36 所示。

图 5-36

（2）右手握剑向上、向前抡摆，同时左剑指向下绕至体后，目视剑尖，如图 5-37 所示。

图 5-37

（3）身体左转90°，右脚向右前绕上步，脚尖外撇。同时右手握剑下落于体前，随之臂外旋，使剑尖经左腰侧向体前平穿，手心向上，剑尖与胸同高；左剑指随转体向上，经体左侧绕至头左上方；目视前方，如图5-38所示。

图 5-38

（4）左脚经右脚内侧向前上步，如图5-39所示。

图 5-39

（5）右脚经左脚内侧向前上步，脚尖外摆，如图 5-40 所示。

图 5-40

（6）身体稍右转；左脚经右脚内侧上步，脚尖内扣，如图 5-41 所示。

12. 弓步崩剑

（1）身体右转约 270°；随转体右脚向左脚内侧并步，两脚跟离地旋转。右手握剑向上、向前摆起，随之臂内旋，以腕为轴，抬头，使剑身在脸上方平云一周；左剑指下落附于右臂内侧；目视斜前方，如图 5-42 所示。

图 5-41

图 5-42

（2）右脚向右侧上步，屈膝呈右弓步。同时右手握剑直臂向身体右侧下落，随之臂内旋，沉腕，使剑尖向左上方崩起，右手握剑于腹前，剑尖与头同高；左剑指向下，经身体左侧向上绕至右腕处；目视左前方，如图 5-43 所示。

图 5-43

13. 弓步压剑

重心左移，左腿屈膝呈弓步。右手握剑，以腕为轴向右下压，手心斜向上，剑尖与肩高，左剑指向下、向左绕至头左上，目视剑尖，如图 5-44 所示。

图 5-44

14. 转身云接剑

（1）身体直立，左脚向右移动半步，同时右手握剑向右侧直臂平摆，高与肩平；左剑指下落至身体左侧，虎口斜向下；目视右前方，如图 5-45 所示。

图 5-45

（2）右脚向左脚并步，身体左转360°。同时右手握剑随转体向前、向上摆起，随之臂外旋，以腕为轴，抬头，使剑在脸上方平云一周；左臂屈肘，左剑指上举，虎口贴靠剑格处，手心斜向上；目视剑柄，如图 5-46 所示。

图 5-46

15. 虚步持剑

（1）右脚向右后方撤步，身体右转约90°，右腿屈膝。左手接过剑，手腕下压使剑尖向后，剑身贴近左臂，手心斜向下；右手变剑指，随转体向下、向右摆起，略高于肩，虎口向上；目视剑指，如图5-47所示。

图 5-47

（2）身体左转约90°，右腿屈膝半蹲，左脚稍内收，左膝稍屈，脚尖点地呈虚步。左手握剑向下屈肘回收，剑身垂直立于体前，右剑指随转体向上绕至体前附于左腕处。目视前方，如图5-48所示。

图 5-48

16. 收势

上体起立，左脚向右脚并步；左手持剑自然下落于身体的左侧，右手剑指垂于身体的右侧；目视前方，如图 5-49 所示。

图 5-49

第二节 刀术

刀是由古代的生产劳作工具演化而来的一种兵器，其经历了数代的变迁演化成了现在的武术器械。刀在古代既是生产工具，又是防御野兽袭击和杀敌护身的战斗武器。

一、预备势

两脚并立,左手虎口朝下,拇指在前,其余四指在后握住刀柄,手腕部贴靠刀盘,刀刃朝前,刀尖朝上,刀背贴靠前臂内侧;右手五指并拢,垂于身体的右侧;目视前方,如图5-50所示。

图 5-50

二、第一段

(一)起势

左手握刀与右手同时从两侧向额上方绕环,至额前上方时,右手拇指张开贴近刀盘,接握左手刀,如图5-51所示。

图 5-51

(二) 弓步藏刀

(1) 右腿屈膝略蹲，左脚向左上步。右手持刀使刀背贴身从左绕向身后，左臂内旋（拇指一侧朝下）向左伸出；目向左平视，如图 5-52 所示。

图 5-52

(2) 上身左转，左腿屈膝，右腿伸直，呈左弓步。右手持刀，手心朝上，上身左转的同时，从身后向右、向前、向左平扫至左肋时臂内旋，手心朝下，刀背贴靠于左肋，刀身平放，刀尖朝后；左臂随之屈肘上举至头顶上方呈横掌；目视前方，如图 5-53 所示。

图 5-53

(三) 虚步藏刀

(1) 上身右转，左腿伸直，右腿屈膝，呈右弓步。右手持刀，手心朝下，随上身右转向右平扫，刀背朝前；左掌随之向左侧平落，手心向下；目视刀身，如图 5-54 所示。

图 5-54

（2）顺扫刀之势右臂外旋，手心朝上，使刀背向身后平摆，如图 5-55 所示。

图 5-55

（3）以右脚前脚掌为轴碾地，脚跟外展，上身随之左转，左脚后收半步呈虚步。刀尖朝下，从背后向左肩外侧绕行；同时左手经体前向下、向右腋处弧形绕环；目向左前方平视，如图 5-56 所示。

图 5-56

（4）右手持刀从左肩外侧向下、向后拉回，肘略屈，刀刃朝下，刀尖朝前；左手随即向前呈侧立掌平直推出，掌指朝上；目视左掌，如图 5-57 所示。

图 5-57

（四）弓步扎刀

左脚稍前移，踏实，右脚随即向前上步，呈右弓步。左掌在上步的同时，向后直臂弧形绕环至身后平举呈勾手，勾尖朝下；右手持刀随之向前扎刀，刀刃朝下，刀尖朝前；目视刀尖，如图 5-58 所示。

图 5-58

（五）弓步抡劈

（1）左脚向左斜前方上步，呈左弓步。右手持刀臂内旋、屈腕，使刀尖由左斜前方向上挂起，刀刃朝上；左勾手变掌附于右肘处；目视刀身，如图 5-59 所示。

图 5-59

（2）右手持刀从上向右斜前方劈下，刀尖稍向上翘；左臂同时屈肘上举，至头顶上方至横掌；目视刀尖，如图 5-60 所示。

图 5-60

（六）提膝格刀

左脚尖外展，右腿提膝。刀由前下向左上横格，刀垂直立于胸前，刀尖朝上，刀刃向左；左手横附于刀背上；目视刀身，如图 5-61 所示。

图 5-61

（七）弓步推刀

（1）右脚向前落步。右手持刀向后、向下贴身弧形绕环；左掌此时从上向下按于刀背面；目视刀尖，如图 5-62 所示。

图 5-62

（2）上体微右转，左脚从体前上步，呈左弓步。右手持刀随之向前撩推，刀刃斜朝上，刀尖斜朝下；左掌仍按刀背，掌指朝上。上身前探，目视刀尖，如图 5-63 所示。

（八）马步劈刀

上体右转，两腿屈膝半蹲呈马步。右手持刀从左向上、向右劈下，刀尖稍向上翘与眉齐；左掌在头顶上方屈肘呈横掌；目视刀尖，如图 5-64 所示。

图 5-63

图 5-64

（九）仆步按刀

右脚向右后方撤一大步，右腿屈膝全蹲，左腿伸直平铺，呈左仆步，上身右转的同时，右手持刀做外腕花（以腕为轴，刀在右臂外侧向前下贴身立圆绕环）；左掌同时向下按切，附于右手腕，刀尖朝左，刀刃朝下；目向左平视，如图 5-65 所示。

图 5-65

三、第二段

（一）蹬腿藏刀

（1）右腿蹬直立起，左腿提膝呈独立；右手持刀向右后拉回，左掌向左前方伸出，掌指朝上；目视左手，如图 5-66 所示。

图 5-66

（2）上身左转，右手持刀从后向前由左膝下方朝左裹膝抄起，左掌屈肘附于右前臂；目视前下方，如图 5-67 所示。

图 5-67

（3）右手持刀从左肩外侧向后沿肩背绕行，左腿即向左斜前方落步呈左弓步，左掌向左平摆，如图 5-68 所示。

图 5-68

（4）右手持刀经肩外侧向前、向左平扫，至左肋时顺扫刀之势臂内旋，将刀背贴左靠左肋；左掌随之屈肘上举至头顶上方呈横掌，如图 5-69 所示。

图 5-69

（5）右脚脚尖上翘，用脚跟向前上方蹬腿。目视脚尖，如图 5-70 所示。

图 5-70

(二) 弓步平斩

（1）右脚向前落步，如图 5-71 所示。

图 5-71

（2）左脚向前上步，右脚趁势提起，上身在上步的同时向右后转。右手持刀手心朝下，随着转身平扫一周；左掌从上向左后方平摆，掌心朝上，如图 5-72 所示。

（3）右手持刀臂外旋，刀尖朝下，使刀从右肩外侧向后绕行，做裹脑动作；右腿后撤一步，呈左弓步。右手持刀使刀背贴靠于左肋，刀尖朝后；同时左掌屈肘上举至头顶上方呈横掌，目视前方，如图 5-73 所示。

图 5-72

图 5-73

（4）上身右转，呈右弓步。右手持刀，手心朝下，向右平扫，扫腰斩击，刀尖朝前；左掌同时从上向后平摆，掌指朝后；目视刀尖，如图 5-74 所示。

图 5-74

（三）弓步带刀

（1）右手持刀臂外旋，使刀刃朝上，刀尖稍向下斜垂，如图5-75所示。

图5-75

（2）重心左移，左腿全蹲，右腿挺膝伸直平铺呈仆步。右手持刀向左上方屈肘带回；左臂屈肘，左掌附于刀把内侧，拇指一侧朝下；目向右侧平视，如图5-76所示。

图5-76

（四）歇步下砍

（1）上身稍抬起。右手持刀，刀尖朝下，从右肩外侧向背后绕行；左掌同时向左侧平伸，拇指一侧朝下，如图5-77所示。

图 5-77

（2）左脚从身后向右侧插步。同时右手持刀从背后向左肩外侧绕行，手心朝下，刀身平放，刀尖朝后；同时左掌向右腋处弧形绕环，目向右视，如图 5-78 所示。

图 5-78

（3）两腿屈膝全蹲呈歇步。右手持刀在歇步下坐之同时向右下方斜砍，刀刃斜朝下，刀尖朝前；左掌随之向左摆出，在左侧上方呈横掌；目视刀身，如图 5-79 所示。

图 5-79

(五) 弓步扎刀

上体左转，双脚碾地，左脚向前上半步，呈左弓步。同时右手持刀，随势向前平伸直扎，刀刃朝下，刀尖朝前；左掌顺势附于右腕里侧。目视刀尖，如图 5-80 所示。

图 5-80

(六) 插步反撩

(1) 上体稍直起并右转，右脚不动，左脚向右前方活步。同时右臂内旋，刀背朝下使刀由前向上、向后直臂弧形绕行，刀刃朝下；左掌在屈肘时收于右肩前侧，如图 5-81 所示。

图 5-81

(2) 右脚向左脚前方上步,呈右弓步。同时右手持刀向下、向前直臂弧形撩起,刀刃朝上,刀尖朝前;左掌由右肩前向上直臂弧形绕行至头部上方时,屈肘横架,掌心朝上,掌指朝前。目视刀尖,如图 5-82 所示。

图 5-82

(3) 右脚内扣,上体左转,刀随转体收于腹前,刀尖上翘,左掌下落附于右腕处,目视刀尖,如图 5-83 所示。

图 5-83

（4）左脚向右脚后横迈一步呈左插步。同时右手持刀向后反臂弧形撩刀，刀刃朝上；左掌向左上方插出，掌心朝前，目视刀尖，如图 5-84 所示。

图 5-84

（七）弓步藏刀

（1）左脚向左前方上一步。同时右手持刀臂内旋，刀尖朝下，使刀由左肩外侧向后绕行做缠头动作，如图 5-85 所示。

图 5-85

（2）身体重心左移，呈左弓步，右手持刀，经背后向左平扫，到左肋时，顺扫刀之势臂内旋，用刀背贴靠于左肋。刀尖朝后，同时左掌屈轴上举至头顶上方呈横掌。目视前方，如图 5-86 所示。

图 5-86

（八）虚步抱刀

（1）上身右转，左腿伸直，右腿屈膝。同时右手持刀向右平扫，左掌随之向左平摆，掌心朝上；目视刀尖，如图 5-87 所示。

图 5-87

（2）上身稍直起，同时右手持刀顺平扫之势，臂外旋，手心朝上，使刀向身后平摆，继而屈肘上举使刀尖下垂，刀背贴身；左掌协调配合；目向右平视，如图 5-88 所示。

图 5-88

（3）上体右转，呈右弓步。右手持刀由背后经左肩外侧向身体前方平伸拉带，刀刃朝上，刀背贴于左臂，刀尖朝后；左掌由左向下、向前直臂弧形摆起，至脸前时，拇指张开，用掌心托住刀盘，准备将右手之刀接回；目视双手，如图 5-89 所示。

图 5-89

（4）右脚跟外转，上体左转，左脚由左移至身前，呈左虚步；同时左手接刀，经身前向下、向身体左侧抱刀下沉，刀刃朝前，刀背贴靠左臂，刀尖朝上；右手由身前向下、向后、向上直臂弧形绕至头上方时屈腕呈横掌，掌心朝前，肘稍屈；目向左平视，如图 5-90 所示。

图 5-90

（九）收势

右脚向前、向左脚靠拢，并步直立。右掌随即由右耳侧向下按落，掌心朝下，肘略屈并向外撑开，左手握刀不动；目视前方，如图 5-91 所示。

· 148 ·

图 5-91

第三节 棍术

棍,是武术长器械的一种,古称殳、棒、梃、桔、杵等。由于棍的取材相对来说比较简单和方便,所以在原始人类的狩猎过程中,棍常用来增加狩猎成功的概率。

一、预备势

直立举棍。两脚并立,右手虎口向前持棍,使棍垂直地面并贴靠身体右侧,左手自然下垂,眼看前方,如图 5-92 所示。右手提棍臂上举伸直,左手随即握棍把段,头向左转,眼看左方,如图 5-93 所示。

图 5-92    图 5-93

二、弓步劈棍

左脚向左跨一步,向左转体90°呈左弓步,同时两手持棍随即转体向上向前下劈,棍梢稍高于肩,眼看棍梢,如图5-94所示。

图 5-94

三、弓步拨架

(1) 左手前下推,右手屈肘后拉,使棍梢向右上方拨出,眼看棍梢,如图5-95所示。

图 5-95

(2) 上动不停,右脚上步呈右弓步,同时两臂向前上举架棍,眼看前方,如图 5-96 所示。

图 5-96

四、插步下劈

右脚伸直起立，上体右转 90°，右手屈臂后拉并在体右侧立圆绕环，使棍梢向下，经右腿外侧向后、向上、向前下劈。同时左手向右、向下屈臂握棍把段置于右腋下，眼看棍梢，如图 5-97 所示。

图 5-97

五、弓步截棍

右手使棍梢向上、向后绕环，并向棍梢段滑握置于后下方，左手向下压把屈臂前移，左脚随即向左前跨出一步呈左弓步。同时左手伸直使把向左前上方戳出，右手屈臂抱棍于腰侧，眼看棍把，如图 5-98 所示。

图 5-98

六、弓步劈棍

上体左转 90°，同时左手活把前滑并屈轴向后下收回，使棍把由左前上方下落至左腰侧，右手活把略向左手方向滑握，使棍梢由右下往上往前劈出，眼看棍梢，如图 5-99 所示。

图 5-99

七、跳步劈棍

（1）重心前移，左脚蹬地跳起，右脚向前跨一步，两手使棍梢向右上挂，眼看前方，如图 5-100 所示。

· 152 ·

图 5-100

(2) 上动不停，左脚上前一步呈左弓步，同时两手使棍梢段由上向前下劈，眼看棍梢，如图 5-101 所示。

图 5-101

八、转身扣棍

(1) 左腿伸直，脚尖里扣，右脚尖外展向右转体 180°，同时两手使棍梢端着地向右后扫一周，眼看棍梢，如图 5-102 所示。

图 5 – 102

（2）左脚向前弹踢，眼看前方，如图 5 – 103 所示。

图 5 – 103

九、弓步劈棍

左脚向前落步呈左弓步，同时两手使棍由后向上、向前下劈，棍梢略高于肩，眼看棍梢，如图 5 – 104 所示。

十、舞花截棍

（1）左腿伸直起立，向右拧身转体90°，同时左手上推，右手下压，使棍梢向下直立于体前，眼看左手，如图 5 – 105 所示。

第五章　传统武术兵器套路研究

图 5-104

图 5-105

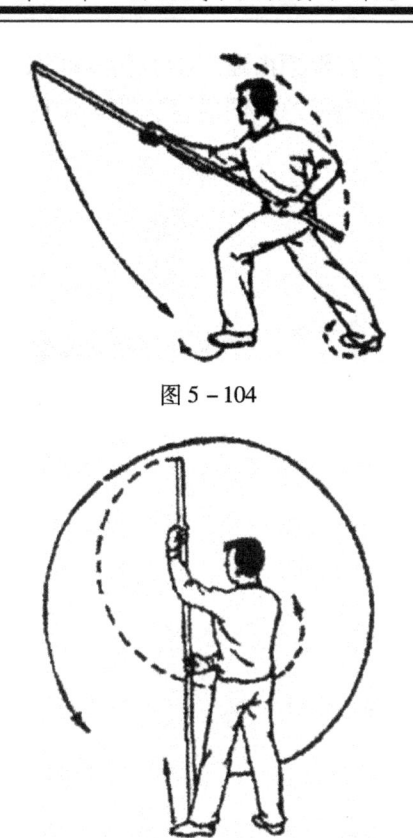

（2）上动不停，左手使棍把由上向下经右腿外侧向后绕环并收至右膝下，右手使棍梢由下向后、向上、向前左下绕环至左膝外侧，同时左腿屈膝上提并随棍梢的转动向左后拧身转体。眼随棍梢移动，如图 5-106 所示。

图 5-106

· 155 ·

(3) 上动不停，右手使棍梢由左下沿身体左侧向后、向上、向前下方绕环，左手顺势与右手向左后平拉，同时左脚跺地震脚，右腿屈膝上提，眼看棍梢，如图 5 - 107 所示。

图 5 - 107

(4) 上动不停，右脚向前落步呈右弓步，同时两手使棍梢向前戳出，眼看棍梢，如图 5 - 108 所示。

图 5 - 108

十一、马步横击

左手向后平拉棍把，右手活把滑握棍的梢段，左脚随即向前上步并右转 90°呈马步，同时左手随身体活把向中段滑握并以把段横击，眼看棍把，如图 5 - 109 所示。

图 5-109

十二、盖步下拨

两腿伸直，右手向后平拉，左手活把滑握把端，右脚向左脚盖步，上体右后拧转。同时右手活把滑握棍中段，并使棍梢由后向上、向前、向右后下方拨棍，使把段斜贴左肩后，并随即脱手向头左前上方举起，掌心朝前，指尖向右，头向右转，眼看棍梢，如图 5-110 所示。

图 5-110

十三、转身云拨

（1）右手使棍梢向左上摆起，同时左手收至右腋下握棍把段，眼看棍梢，如图 5-111 所示。

图 5 – 111

(2) 上动不停,两手使棍梢由左下方经头上向右后摆动,眼看前方,如图 5 – 112 所示。

图 5 – 112

(3) 上动不停,上体向左后转体 180°呈左弓步,两手随转体向左斜上方拨棍,眼看棍梢,如图 5 – 113 所示。

图 5-113

十四、还原势

并步收棍。向右转体90°，左脚蹬地向右脚并拢，两手随转体并步的动作向右上方举起，使棍直立于身体右侧上方，头向左转，眼看左方，如图 5-114。两手把棍放下，还原呈预备势动作，如图 5-115 所示。

图 5-114　　　　　　　　图 5-115

第四节 枪术

枪,古代兵器之一,是武术中的长器械,由棍与矛的结合演化而来。枪法以拦、拿、扎为主,同时还有点、崩、劈、穿、挑、拨、圈枪等。

一、起势

(1) 右手松握枪杆中段,枪身须直立,胸、腰和颈部要自然挺直;目向左平视。

(2) 左脚向前上半步,呈左虚步,上体及时向左扭转;右手边上挑边滑向把端,握于枪把,左手随枪头由上向左后方下落时下滑,握于枪杆的上段。定势时,右肘微屈,臂前伸,高与肩平;左臂向左后下伸直,与膝同高;目向左平视。

(3) 左脚向左侧跨一步,经半马步后呈左弓步扎枪。扎枪时要求平直有力。右手要猛力,向前推送,同时右脚蹬地、转腰,使力量达于枪尖,左手保持原高度不变。目视枪尖。

二、第一段

(一) 插步拦、拿中平扎枪

(1) 上体右转呈半弓步,右手撤枪至右腰,左手握于枪杆中段,目视枪尖。

(2) 右脚从身后向左插步,做拦枪。目视枪尖。

(3) 左脚向身体左侧横跨一步,呈半弓步,同时完成拿枪。

(4) 扎枪时,右腿用劲后蹬,呈左弓步扎枪,目视枪尖。

(二) 跳步拦、拿中平扎枪

(1) 右脚经左脚前向身体左侧提迈,两手握枪做拦枪动作。

(2) 左脚蹬地跳起,右脚先落地,左脚随后在身体左侧落地呈半马步,同时两手握枪做拿枪动作。

(3) 右腿挺膝蹬直,上体随即左转呈左弓步,同时两手握枪做扎枪动作。

(4) 跳步与拦枪、跨步与拿枪、弓步与扎枪动作必须配合协调。目视枪尖。

(三) 绕步拦、拿中平扎枪

前两步略向右偏离原行进方向,第三步向左偏离行进方向。弧形绕上步时要结合拦拿扎枪。

（四）插步拦、拿中平扎枪

左脚上步和右脚插步要迅速、轻灵；拦拿扎枪动作要清晰、连贯、力点准确；定势时左弓步，两手握枪向前平扎；目视枪尖。

三、第二段

（一）转身弓步中平枪

（1）左腿屈膝提起，上体向左后转约180°；与此同时，右手抽枪和左手滑把，枪杆力求贴近身体。

（2）落步与拿枪同时完成后，再利用右手推送和转腰的力量完成左弓步向前平扎枪；目视枪尖。

（二）上弓步推枪

从右脚开始向身体左前方上三步后呈右弓步；同时两手握枪使枪尖逆时针划一立圆后，用腰和腿的力量向前下方推出，右手握枪把停于头部右侧，高与头平；左臂向身体左前方伸直，手心向上，枪尖斜向下；目视枪尖。

（三）仆步低平枪

左脚向左前侧上一步，呈左仆步，上体略向左前侧倾俯；低平枪应强调后手触及前手，枪身与地面平行；目视枪尖。

（四）提膝抱枪

右脚向前上一步，右手在上，左手在下握枪杆，左脚向前上一步，右腿屈膝提起；两手握枪使枪尖由后向下靠近身体右侧划一个立圆后，枪托抱于身体左侧；此时，两肘略屈，右手松握与肩同高，左手紧握停于左胯旁，枪尖指向前上方；目视枪尖。

（五）提膝架枪

（1）右脚向前落步，身体左转；两手再次换握枪杆位置右手握枪杆下段，左手握于枪杆中段，同时枪尖随转体向上向后划弧指向后上方；目视枪尖。

（2）左脚向前上步，身体随即右转，呈右提膝独立；左手握枪平伸前推，手心向上，右手滑握于枪把，臂向后上举，枪尖仍指向前下方，高与膝平；目视枪尖。

（六）弓步拿、扎枪

落步、拿枪到左弓步扎枪动作要连续、协调。

（七）马步盖把枪

身体后移呈马步，使枪也后移，枪尖斜向前上方，高与鼻平；随后右脚向前上一步，上体随即向左后转，两腿半蹲呈马步，同时配合身体下蹲的下压力枪把从后向上、向身体右侧用力劈盖，高与肩平；此时，右臂向右平伸，手心向下，左手屈抱胸前，枪身略平；目视枪把。

（八）舞花拿、扎枪

边贴身立圆舞花边上两步转身右后转约180°后，左脚向左侧进半步，上体左转呈左弓步；同时，两手做拿枪动作，继而向前平扎；目视枪尖。

四、第三段

（一）上步劈、扎枪

（1）右脚蹬脚与挑枪、右脚落步与劈枪动作要协调配合。

（2）上挑枪高过头顶，下劈枪高与腰平。

（3）上体左转呈左弓步，同时向前扎枪。

（二）挑把转身拿、扎枪

（1）随右脚向前上步动作使枪把沿着右腿外侧向前挑起；此时，右臂前伸，高与肩平，手心向下；左臂屈肘于左腰侧，手心向下；目视枪把。

（2）左腿屈膝提起，上体随即向左后转180°，使枪尖沿着左腿外侧向转体后右下方绕行；目视枪尖。

（3）左脚向身体左侧落步，呈左弓步；同时，两手握枪做拿枪动作，继而向前半扎。

（三）横裆步劈枪

右脚向左脚后侧退一步，同时两手握枪使枪尖向前下方绕行；紧接着，左脚向后退一步，呈左横裆步；同时两手握枪使枪尖继续由下向身后、向上、向前下劈，枪尖指向左前下方，高与膝平，左臂前伸，手心向下，右手停于右肋侧；上体略向右前倾，以加大压力；目视枪尖。

（四）虚步下扎枪

左脚开始向前绕行上三步，呈高虚步；同时，两手握枪使枪尖逆时针绕行后向前下方扎出；目视枪尖。

（五）歇步拿枪

两腿下蹲呈歇步；同时，两手握枪做拿枪动作（枪尖继续向下划圆），左臂向前平伸，右臂屈抱腹前，手心向上，枪身平放；目视枪尖。

（六）马步单平枪

右脚向前上一步，随即身体左转，两腿下蹲呈马步；同时，左手松握滑把，在与右手接触后及时松开，右手单手向右平扎枪，左手撒把向左平伸呈立掌；目视枪尖。

（七）插步拦、拿中平枪

身体右转时左手应迅速接握枪杆；插步拦枪、半马步拿枪、弓步平扎枪均与前相同。

（八）弓步拉枪

上体右转，呈右弓步；同时，两手手腕内旋，右手握住枪把随转体动作拉向右肩前。臂稍内旋、下压，使枪尖向后下方绕行，高与踝关节平；目视枪尖。

五、第四段

（一）转身中平枪

左脚向身体右侧跨一步后，右脚移至左脚内侧，然后以左脚为轴，身体向左后转，右脚随即向身前上一步，呈右弓步；同时，左手前伸，高与腰齐，右手握枪把由右肩前向下、向腹前肚脐处绕行（手心向上），随之两手握枪向前平扎。

（二）转身拉枪

右脚尖微里扣，然后身体左转、提膝、拉枪，动作要快速、一气呵成；同时，右手握枪把置于右胸前，左手滑握于枪杆中段，与踝关节同高；目视枪尖。

（三）插步拨枪

前拨枪与落步、后拨枪与插步都要配合协调。定势时，右手握枪把拉向右肋前；目视枪尖。

（四）并步下扎枪

左脚向左横跨一步，同时两手握枪使枪尖南下向前上方划弧挑起，枪尖高与头平；向下扎枪后，右脚向左脚靠拢，两腿伸直呈并步站立；枪杆在身体的左前侧，枪身斜举，枪尖与脚背同高；左手前伸，高与肩平，手心向前上方；目视枪尖。

（五）跳步中平枪

左脚蹬地，右脚向前跃一步；同时，右手握枪把做一拿枪动作，左手前伸滑握于枪杆中段，随后左脚向前落步呈左弓步，两手握枪向前平扎；目视枪尖。

（六）拗步盖把枪

枪把由后向上、向前盖劈时必须走立圆，高与头平；左手则收至右腋下；

目视枪把。

（七）仆步劈枪、弓步中平枪

（1）枪把的绕行也就是完成一个双手立舞花枪。

（2）右脚向前提起，左脚用力蹬地跳起；左手顺势略向前滑握于枪杆中段，右手移握于枪把。

（3）右腿全蹲，左脚向前落步，腿伸直平铺呈左仆步；同时，左手用力使枪杆上段下劈，左臂前伸，右手仍在右肋旁，上体向左前侧倾俯，枪杆与踝关节齐平；然后重心前移，呈左弓步，同时两手握枪向前平扎；目视枪尖。

（八）转身弓步中平枪

身体先稍向后移，而后右脚向前上一步，上身左转挑把；呈右独立，右手移握于枪把，上举于头部上方，枪尖高与左脚背平；左脚向左侧落步，同时两手握枪做一拿枪动作后向前平扎；目视枪尖。

（九）收势

（1）上体先右转，后左转，右手向胸前摆起，左手握于枪杆中段；将枪尖从左后上方向下弧形绕行，同时左脚向身前移半步，呈高虚步持枪姿势；目视枪尖。

（2）枪尖由左下向上摆至垂直位置，两腿并步直立；右手稍上滑，握枪杆中下段，左手撒把下垂于身体左侧；目向前平视。

第六章 传统武术的现代化演进思考

民族精神是一个民族在长期历史发展中积淀的最优秀、最积极的观念文化。它是该民族传统文化的精华和灵魂，具有鼓励、教育和团结本民族人民奋发图强的力量。民族精神是一个民族赖以生存和发展的精神支撑，一个民族，没有振奋的精神和高尚的品格，不可能自立于世界民族之林。在五千多年的发展中，中华民族形成了以爱国主义为核心的团结统一、爱好和平、勤劳勇敢、自强不息的伟大民族精神。中国共产党领导人民在长期实践中不断结合时代和社会的发展要求，丰富着这个民族精神。面对世界上各种思想文化的相互激荡，我们必须把弘扬和培育民族精神作为文化建设极为重要的任务，纳入国民教育全过程，也纳入精神文明建设全过程，使全体人民始终保持昂扬向上的精神状态。

第一节 中华武术在培育民族精神过程中的功能和价值

当代世界各国都非常重视素质教育，素质教育中，德之教育当属关键一环。道德问题一直是社会所关注的内涵十分丰富的重要话题。道德有鲜明的时代特征，不同的历史时期、不同的职业行当有不同的道德规范。

武术是典型的民族传统体育项目，在它身上无处不闪烁着民族传统文化的光芒。鉴于武术本身的特殊性，古往今来，武术的传授一直把道德教育作为整个武术教育的中心，强调武艺传授的道德化，使技艺教练与道德教育有机地结合起来。收徒习武，首观其德。德是武术教育贯彻始终的主线。

今天，人们都习惯把武术的思想教育称之为武德教育。所谓武德，也就是指习武用武之人的德性。"武德"一词可追溯到先秦，据《左传·宣公十二年》记载，"武有七德"始于楚庄王之口，即"夫武，禁暴、戢兵、保大、定功、安民、和众、丰财者也。"而"武德"二字的连用，在《国语·晋语九》中有如下记载："有孝德以出在公族，有恭德以升在位，有武德以羞为正卿，有温德以成其名誉。"可见，最先所讲的武德，是军事养兵用兵方面的德性。武德对于习武的人来说都具有相对的适用性，它与现在的武术项目中的武德虽有联系但也有所不同。冷兵器时代，军事与武术是密不可分的统一体，武术服务于军事，军事促进着武术，二者携手并进，结伴而行。随着历史的发展，武器不断精良与创新，那种单靠刀枪剑戟打天下的时代早已成为历史，武术的军事功能明显被弱化。但是，随着时代的前进，武术的命运并没有就此终结。它以特有的形式发展和丰富着自我，发挥着自身的特性，展示着健心、健身、防身的新内涵。由此也可以说，武术中的"武德"这一名词是军事武德的延伸、派生、借用和扩展。

武术的经久不衰、兴旺发达，主要原因在于它的基本内核和健全的教育功能。武术的道德规范与民族优秀文化传统中的仁、义、礼、勇、侠、忠等密切相关。金恩忠在《武术名人录》自序中有言："技击一道，代有名人，而邪正有异，贤愚不同。或优游林泉，笑傲风月，此武之清也；或导引吐纳，功戏五禽，此武之道也；或冲锋陷阵，舍身为国，此武之大者也；或来往世尘，安分守己，此武之隐者也，或激励后学，发扬国光，此武之任者也，或任侠尚义，喜雪不平，此武之正者也。"此言道出了习武之人的不同类型及不同志向，肯定了武术对人们的良好影响与作用。

在传统教育中，"义"和"勇"都是儒家与兵家所推崇的美德。重义轻利、见义勇为、讲诚守信也都是武行的一贯教育传统。勇与惧是相对立的，"有行之谓有义，有义之谓勇敢，故所贵于勇敢者，贵其能以立义也；所贵于立义者，贵其有行也；所贵于有行者，贵其行礼也。故所贵其勇敢者，贵其敢行其礼义也。"意思是说，勇敢就贵在伸张正义，树立正气，贵在见义勇为，果敢的行动与良好道德相统一地表现出来。这种精神无论是过去还是当今，都是值得赞扬的。"有勇于气者，有勇于义者，君子勇于义，小人勇于气"（《二程集·河南程氏外书》），明确指出了持勇用勇的不同意义，小人把勇作用于狭隘的个人利益，而君子则把勇作用于国家和百姓的利益上，二者之间是有根本区别的。

我们讲武，很自然地会想到侠，侠应该是武的派生物。武是侠的根基，没有武技做基础，侠也就谈不上重气节、讲承诺、轻生死、路见不平拔刀相助等果敢义举。义是侠的灵魂，"义非侠不立，侠非义不成"（《豪侠论》）。在我国古代，侠犹如驱邪除恶的游路神，是百姓心目中反对腐败丑恶所期盼的超人、英雄。众多的武侠小说把侠士们雄健、刚毅的形象气质、意志品行描绘得恢宏激情，令人振奋。武术名人吴图南在其《国术概论》一书中一开始就讲到，习武的"意义除包括拳术器械之外，当以修身养性为唯一之目的。养成勇敢奋斗、团结御辱之精神，培养雄伟侠烈之风气，发扬民族固有之技能"。

自明代以来，我国武术已逐步发展成为体系完整、门派林立的大系统。武术教育体现着鲜明的民族特色。统揽武术的人生教育，其主线完全是一个君子教育过程，这在武术各派门规门风的实质性内容中可以证明。明代，闻名于世的内家拳派，在传授技艺的过程中有"五不传"的规定，即"心险者，好斗者，狂酒者，轻露者，骨柔质钝者"。以上这五个方面，除骨柔质钝指身体条件外，其余四者都是思想道德方面的要求。很明显，一个"心险者"不传，道出了内家拳派那种儒家"仁者爱人"的道德观。"仁"是儒家道德的基本思想，它的内涵比较丰富，倡导人与人之间、人与国之间的良好关系，被认为是儒家的全德。

明代大儒家黄宗羲在《王征南墓志铭》中讲到，内家拳直系传人单思南，身怀绝技，不轻传人。身边虽有一子，也因其不肖，而密不传授。这体现了一位知名拳师恪守门风的道德情操。后来，单思南收王征南为徒，尽授其艺。王征南继承了内家拳的技艺与宗风，谦虚谨慎，潜心研究，终将内家拳发扬光大。"征南任侠，常为人报仇，然激于不平而后为之。有与征南久故者，致金以仇其弟，征南毅然绝之曰：'此以禽兽待我也。'"通过这一小事的记述，我们便可清楚地领略到一代拳师那光明磊落、豪侠仗义、善恶分明、不为亲情撼动、不为重金失节的高尚品质。

"十禁""十戒"属于少林拳派对其门下弟子较为严格的清规戒律、行为规范。戒约禁条除一再强调不许贪酒食肉、男淫女风等佛门的基本要求外，还主要讲如何尊师重道、谦虚谨慎、宽厚待人、修身养性等信条。这些都是民族美德的实际内容。尊师重道是中华民族的一贯传统。荀子对尊师重道有过这样的观点，"国将兴，必贵师而重傅；国将衰，必贱师而轻傅"。他把尊师重道与国家兴衰联系在一起。"传道、授业、解惑"是教师的神圣使命。武术圈中，甚至还有"一日为师，终身为父"的说法，这表明了弟子对师道的崇敬之情。

我国素以"礼仪之邦"著称于世，谦虚明礼、厚德载物、宽厚待人、诚信至上、孝敬父母、助人为乐等精神都是传统美德的体现，也是习武之人的养身之道。

关于武术界的思想道德建设，昆仑派的《昆仑剑箴言》中也有如下明确内容:"人品不端者不传,不忠孝者不传,人无恒者不传,不知珍贵者不传,文武不就者不传,借此求财者不传,俗气入骨者不传,市井人不传,拳脚行不传。何也?恐有沾昆吾之高尚也。"简洁的阐述,道出了昆仑派一心确保自己队伍纯洁的志向和境界。

纵观我国众多武术门派,虽然他们的门规条例内容不尽相同,但有一条是一致的,这就是各派拳师在重视技击传授的同时,始终强调把中华传统的美德教育放在第一位。我国是世界文明古国之一,国人向来推崇品质高尚、志向高远、文武兼备的优秀者。"善就其身,善正其心,善慎其行,善守其德"(《永春白鹤拳·拳谱》)就体现了武林志士们的宽广胸襟和践行信条。武术文化的传授过程,体现着民族文化以仁为教育中心、以礼为精神支柱、以道德完善为中介,首先修身自我,进而服务社会、报效国家的人文教育观。

文化是劳动人民智慧的结晶,同时也是时代的产物,它随时代的发展而发展,随历史的前进而变异。武德建设至今发展为一个丰富的文化体系,是中华民族传统美德的重要组成部分,折射着中华民族优秀传统文化之光彩。在这个绚丽多彩的文化圈中,门派条例又是武德的重要组成部分,它体现着过去习武之人的行为要求。在今天,尽管传统武德部分内容中还存有一定的历史局限性,但它的主题是进步的。历史的今天,我们反思传统,肯定与褒扬武德的精神作用与价值,目的是要吸取其精华,使优秀的武术文化思想转型并服务于现代,升华世人思想境界,进一步展示武术的德育功能。

第二节 中华武术的未来发展方略

一、从战略高度做好武术人才培养和武术普及推广工作

武术的传承与发展,离不开对各层专业人才的培养。人才是通过教育培养出来的。若论当今学校教育,其功能无外乎四项,即培育人才、科学研究、服务社会、成就未来。武术教育需要重视以下三个层面人才的培养和使用。

(一)高级武术(硕士、博士研究生)人才的培养和使用

1996年,上海体育学院民族传统体育学博士点的诞生,宣告了高级武术人才平台的生成。其后,我国武术研究生培养工作进展迅速,硕士、博士毕业生数量逐年攀升,学术研究也日趋繁荣。为了切实发挥其功能,让他们深入实际学习,进行社会调查很有必要。研究要有的放矢、宏微结合,要真正了解中华武术工作的热点与难点,树立大局胸怀和前沿意识,学以致用,为

时代服务，为武术的复兴出谋献策，展现高级武术人才的价值与作用。研究生教育要切忌"偏道"，武术研究生教育需要专业理论上的高深，但更需要技术方面的精专。学科招生不能忽视专业特点，只能讲不能练的现象不是专业的基本取向。实践证明，轻实践的"嘴巴式"的研究往往不能准确抓住事物的内在关键处，不懂实际或略知皮毛、理论脱离实际的头头论道并不能代表专业方面的精通水平。否则，产品打入社会，难免引起不同的反响，因此，面对我国学校体育工作中青少年体质连续下降的严峻现实，有专家呼吁："对于年轻的体育教师，不只是要求学历层次……人才引进的标准要转向学历与运动等级同时要求，以运动技术为先的方向，扭转当前大学体育教师技能层次下降的局面。"在我国学校体育中，对研究生的培养，我们不苛求他们个个是韩信（精通专业，用兵如神），但愿他们大多能成为张良（善于思索，产出良策），而不是马谡（纸上高谈阔论，实践一窍不通）。

（二）武术专业人才（本科生）的培养和使用

2018年高考招生，我国具有民族传统体育学专业招生资格的体育院系有54个，每年招收武术专业学生4800人左右，这也是一批重要的人才资源。社会上俗称这些人才为"学院派"，他们在高校优越的环境里系统地学习武术知识，对中外武术状况有比较清晰的认识，具有善待中西文化的意识。毕业后，他们遍布祖国各地，身负传承武术的使命和培育武术新人的任务，是今后我国武术发展的重要力量，教好用好这些人才意义重大。因此，武术专业生的培养一定要注重理论与技术的全面性，在熟悉竞赛套路的基础上，学好优秀传统拳种的各种套路，让这些学子真正成为中华武术传承发展的主力军，担负起传统武术和现代武术的传承重任。

（三）民间武术人才的培养和使用

传统武术发展的主要载体是民间武术人。由于传统武术自古置身于民间这块沃土之中，大量的拳派名师也源于此，所以，依据我国的地理区域情况，国家可采用就地取材的办法，利用本地武术人才资源，发挥当地知名骨干拳师的作用，给他们名分，给他们责任，以拳种发源地为支撑，设立拳种培训基地，产出拳种的优秀传人，给他们用武之地，确保"纯传统武术人"的连贯性，促进传统武术的可持续发展。

对于武术的发展，我们要强化战略眼光，要把武术提高到国学的高度来认识。我们赞誉武术的育人功效，但同时更需要武术的技术实践。理论是技术的指导，技术是理论的源泉，这也是先人们强调"皮之不存，毛将焉附"

道理的原因所在。武术的文化思想是通过技术的传授、动作的反复磨炼才得以感悟的。纯粹的武术理论和理念教化并不能收到应有的效果，只有系统全面的武术教学才具有潜移默化的教育作用。因此，着力做好武术的普及与推广工作，是武术传承发展的根本途径。要切实发挥武术在全民健身活动中的优势作用，加强各地职能部门的主导作用，因地制宜，大力开展各种武术竞赛与健身活动，力争武术大众化、社会化、国风化，突出中国体育特色与民族风尚。

二、坚持科学发展观，提高学术研究的实效性

武术的发展也需要坚持科学发展观。理论研究是学，技术研究是术，理论联系实际，二者协调统一，相互促进，武术事业才能进步。当今对武术的研究，有众多的武术专刊、体育学刊，还有大量的相关文章，仁者见仁，智者见智，形成了浓郁的研究氛围。但是一些现象值得重视：重复性研究现象突出；泛泛空谈之类明显；抄袭行为时隐时现；情绪化研究成了时尚；急功近利性成果偏多；如此等等，这与现实的体制转型、社会背景有一定的关系。过去，我们对理论研究有轻视之过，如今，对文化知识方面的要求在逐步升级。毫无疑问，科学研究十分重要，但优良的学风更为重要。"板凳宁坐十年冷，文章不写半句空"，现已成了针对学术泡沫的响亮忠告。

武术的发展创新离不开科学研究，对于创新问题，向来是善思索、有胆识、肯攀登、不畏艰险的人的专利。就武术而言，创新的形式可以多种多样。我们既可在理论形式方面标新，也可在技术层面上立异，但均需明确创新的目的与任务。在实践基础上的理论创新是社会发展和变革的先导。所谓在实践基础上的理论创新不仅包括理论应该以实践为基础，也包括理论必须立足于变化着的实践，根据新的实践经验发展和推进理论。不立足于变化中的实践，理论创新是不可能的。[①] 时下，人们对于创新存在种种误解：有的人简单地认为逆反思维即为创新；有的人认为背叛传统，一切推倒从来就是创新。更有甚者，面对跆拳道初来中国短暂的时兴现象，有人不禁急躁起来，仓促地抛出了模仿跆拳道模式的建议。紧接着，又有"套路难学""要淡化武术套路""不要搞武术套路""要改革创新，割舍掉武术精、气、神"等奇谈怪论一时喧噪起来。这种做法不值得提倡，它是一种不识武术历史、不懂武术全貌的幼稚表现。虽然它不能从根本上形成什么气候，但在某一短期阶段里，

---

① 汤钊猷. 悬空寺的启示 [J]. 中国高等教育, 2007 (17): 44 – 45.

第六章 传统武术的现代化演进思考

如同民族虚无主义一样，对武术的未来会造成一定的干扰。

创新是一种神圣的使命和责任，真正的研究成果必须经得起历史与实践的考验。"如何创新，如何形成自己的特色，最重要的是要明确目标，抓大放小；要重视细节，亲自去做；要持之以恒。""特色、创新和应用后产生的效益是决定科研能否真正立于前沿的关键。"

当今的武术，传承落后于发展，实践滞后于理论，要解决这一矛盾，政府的支持很重要，但武术人的实际行动更为重要。榜样的力量是无穷的、直接的，武术推广与普及的基础性工作，应首先从武术人本身做起。目前在武术领域，武术人的言谈举止、生活作风、处事礼仪等还没有明显超乎常人的可贵之处，还没有给世人以最良好的形象和感染力。在社会上，武术人若无鲜明的礼仪道德特色，无令人肃然起敬的魅力，那么它的优势地位也就无从谈起，传承与弘扬也只能成为无力的呐喊。因此，中华武术的发展，首先需要武术人身体力行地践行武术文化中的传统美德，为弘扬民族精神担负起重要的责任。

知识不分疆域，文化没有国界，在这方面，韩国的跆拳道，日本的相扑、茶道比我们做得精到。他们依据项目的特点，考量项目的内容结构，把握项目的具体细节，重视行业礼貌意识在平常练习过程中的培育和实践，真正把礼仪贯穿学习的全过程，这对规范人生素养形成了一套颇为细腻的教育文化模式，这种模式当然会得到学生家长们的支持，也容易被社会所肯定。这样一来，尽管技术内容简单粗糙，但膜拜圣洁的理念很容易通过技术载体深入人心，凝固成型，这也是它们被世人高看一眼、热衷追求的主要原因。

要论武术的发展方略，需遵从"古为今用，洋为中用，百花齐放，推陈出新"这十六字方针。

古为今用，既是对传统的继承，也是对传统的审视，所持的原则绝不是守旧复古，更不是全盘克隆，而是吸取精华，抛弃糟粕，追随时代的主旋律，使古老的文明焕发时代光彩，进一步彰显中华民族的伟大智慧。不可否认，人类文明的源头是斗争拼搏的世界，部落之间、国家之间、集团之间的血腥争斗是频繁的，那是武力的天下，在那个时期里，为了部落的生存，忠诚与勇敢比什么都高贵。武勇就成了教育的图腾，甚至成了英雄标志。现在的英雄与古代的英雄相比，由于时代的不同，其内涵也不尽一致。但有一条是公认的，这就是道德高尚、助人为乐、热爱国家、乐于奉献。

"洋为中用"一直是民族文化发展过程中学术界争论的问题之一。事实证明，文化是人类的公产，它双向交流的影响力强烈刺激着彼此文化的发展取向。值得骄傲的是，中华文化具有极强的消化包容力，面对中西方文化的交融，要做到以我为主，不失根本，不求"西化"，但要"化西"，这样成功的胜数就会很大。对于中华文化，我们不能有故步自封、抱残守缺的想法。自东汉开始，西方佛教挺进东土，进入华夏，备受国人欢迎。南北朝时期，佛教禅宗进入中国，因当时佛门间派别已经生成，禅宗一登海岸，便受到了旧有佛门的强烈抗拒。直至唐代中期，禅宗六祖慧能大师根据实际情况，大胆改进禅宗教义，使烦琐难懂的禅宗中国化，得到了士大夫及民众们的热烈响应，禅宗便一下子兴旺起来，并一度形成佛教坛一枝独秀的局面。这就是中西结合、改革创新的典型范例。少林武术源于少林寺，后来的佛教禅宗非但没有成为少林武术的阻力，反而成了少林武术发展的催化剂。

现代的竞技武术，无论是散打还是套路，它们都是中西结合的成功范例。所以，对于武术的发展，我们不能唯我独尊，面对西方体育文化的交融与激荡，我们也要有恢宏的民族气度，敞开胸怀，包容吸收，取长补短，完善自我，不断前进。

百花齐放是学术进步、事业繁荣昌盛的基础。世界的原生态本来就是一个气象万千、丰富多彩的广阔天地。学术开放、言论自由，也是社会进步、政治稳定的象征。学术研究需有鲜明的良知，有为时代服务、为国策效力的责任。由于历史的原因，精华与糟粕并存，构成了武术文化的特征。传承精华、抛弃糟粕、丰富发展是我们坚守的原则，也是武术可持续发展的真正动力。因此，我们的成果力求能带动武术的良性发展，而不能削弱和损害武术的作用和形象。

推陈出新是一个古与今、老与新兼容并蓄的传承原则，它的基础在于陈，重心在于新，面对悠久的武术文化，我们不能淡薄历史，也不能因循守旧。在传承中发展，在发展中创新，这是中华武术发展的基点。我们常讲传统文化具有民族性、时代性，其实，强调的民族性主旨多为传统性，时代性即多指与时俱进的发展与革新。

三、要让武术真正步入学校体育课堂

世界上，任何民族在任何时候都离不开教育。国之兴旺，教育为本。青少年是祖国的未来，他们的健康体质关乎民族的根基，他们的成长既需要强健的体魄，又需要民族精神的哺育。把蕴含民族精神的武术纳入大、中、小学体育课，是培养和激发青少年民族自尊心、自信心、自豪感的重要因素和

有效途径。要想强健其体魄,文明其精神,武术是理想的体育项目。现如今,教育部已把京剧纳入中小学课堂中,这是民族文化遗产传承的有利之举。武术与京剧同是国宝级的优秀文化,而武术对青少年的良性影响会更为全面。

关于武术进学校的建议并非今日提及,至于为什么一直没有得到真正的全面实施,原因是多方面的,但解决它的办法是需要有"三好",即"好政策,好教材,好教师"。

所谓好政策,是指国家职能领导部门要真正了解开展武术活动的优越性,重视武术进学校的必要性。对此,为慎重起见,可先组织专家认真调研取证,搞好"试验田",为武术进学校、进课堂设计优良模式,创造有利条件,营造良好氛围。对具有重大价值的武术,政府需要统筹规划,制定相关政策,给予高调提倡和支持。不然,在传统思想的禁锢下,在应试教育和一味追求升学率的阴影之下,武术进学校的工程就会成为泡影或者徒有虚名。由于体制的原因,教育部、卫生部、国家体育总局三者之间对武术的发展问题要形成高度的协调。学校教育、健康研究、体育教育三者各自为政,目标有别,侧重不同,若无协调配合,武术进学校的工程将容易成为一句口号。

近年来,中国青少年体质连续下降的现实给国人敲响了警钟,也对众多的体育工作者提出了考验。全面推行素质教育,健全的体格、体魄是关乎民族强弱的国事,国人素质的高低是衡量一个国家强弱的标志。我国人口众多,城乡差距明显,要想使学校体育状况得到有效改变,体育研究符合国情实际最为重要。那么,什么样的体育项目在学校里更适合青少年呢?武术有其值得肯定的优越性。武术号称"国术""国粹",面对我国青少年体质下降的大事,我们不能把千百年实践证明行之有效的健身法宝置之一边。国术要为国策服务,为国人效力,这是一项符合国情实际的良性举措。为此,职能领导部门应该启动论证,认识统一,行动一致,协调关注。

所谓好教材,是指职能领导部门应积极组织一些实践经验丰富、专业知识精通、富有战略眼光的专家编写武术新教材。要使教材在具有鲜明民族特色的基础上,还要研究它的科学性、知识性、集约性、趣味性,切实把古今武术经典、传统美德、民族智慧融入教材之中,使其成为广大青少年乐于接受、爱不释手的良师密友。中华人民共和国成立以来,国家十分重视武术的普及工作,早在20世纪60年代,就邀请知名专家编写了高质量的武术教材。教材有厚实的基本理论,也有精选的传统典型套路,它为国家培育了一大批优秀武术人才。我国武术教材也进行了一茬又一茬地编写,整体来看,除

2003年由人民体育出版社出版的《中华武术教程》外，其他武术教材内容比较单调，质量不高，缺乏民族传统文化的真谛性标志，把武术仅仅作为一种纯粹的体育健身项目对待，淡化了中华武术的文化特质，不少武术教材成了一种摆设，没有引起青少年对教材的亲热度。

所谓好教师，是指忠诚于武术教育事业，精通武术文化，且有良好师德和专业技术水平，长期工作在教学第一线，具有丰富武术教学经验、突出教学效果的专业教师。教师在学校的武术教育中具有举足轻重的作用。一位有人格魅力、文化魅力、技术魅力的武术教师能给学生留下终身铭记的良好印象。高等院校对武术专业师资的培养要强调高素质、宽口径。在岗教师要通过进修、职业培训等渠道来提高武术教师的综合能力。"学为人师，行为世范""有其师必有其徒"。高水平的教师才能培养出高质量的学生。当代的中学、大学的武术教师不但要善于演练国家所推行的长拳类的基本套路，更要善于练习当地所流行的主要传统套路及武术的练功方法，要清楚武术动作的基本技法，要熟知武术的各种基础知识，精通诸子百家理论在支撑武术理论体系中的重要作用与影响。学校武术的普及与推广既要学技，又要懂道，全面提高学生的身心素质。"有文事者必有武备"，文武兼备一向是我国人民所共识的良好教育取向，以文化人、以武健身，应该成为今后我国青少年接受教育的基本方略。

论及学校武术活动，还有一个不能回避的事实值得我们认真思量，这就是目前风靡全国的跆拳道。校园里，不少学生对跆拳道青睐有加，对武术却敬而远之。从表面上看这是一桩体育项目的选择事宜，从深层次上看则是民族文化间的较量。此现象值得我们反思的并不是对武术本身价值的怀疑，而是要分析跆拳道魅力之所在。经全面考量、综合探究，我们认为跆拳道之所以为大众所认可，是因为跆拳道把小事物做到了极致，而我们的武术却在博大精深的前提下，精品意识不足，缺乏创新性的精雕细刻。一提武术，国人皆道武术文化的历史悠长，育人的功能作用明显，时至今日，我们却很少有人设计它的礼仪规范，虽说现行的"抱拳礼"是一个具有鲜明代表性的武礼动作，但毕竟是"单丝不成线，独木不成林"，形不成系统，不具备完整、统一、规范的礼仪教程体系。因此，梳理武术精神、创新武术礼仪、包装武术形象、宣传武术功能、不断开展武术活动等都是提升武术亲和力的必要元素。

四、积极主动、稳步有序地向世界推广

武术作为中华民族的优秀传统文化，对它的珍惜和保护是无疑的，但对

它的推广和弘扬也很重要。当今时代,世界各国对于文化的弘扬、输出、宣传倍加重视,文化越来越成为民族凝聚力和创造力的重要源泉,越来越成为综合国力竞争的重要因素。文化在未来的世界中将起到重大作用——一些学者和政治家预言:"世界正进入一个文化冲突和对抗的时期,其特点是各种文化和文明的大冲撞。"对于整个世界体育来讲,我国民族体育文化与西方体育文化相比较,西方体育文化的优势依旧明显,奥运会竞赛项目的内容设置便是有力的证据。单从个体而言,中华武术文化绝不是弱势体育文化,而是智慧体育文化,更是优秀、优势的体育文化。"从广义上讲,武术的某些功能属于体育范畴,但它有许多内涵超过了一般的体育概念。它与西洋体育处于不同的层次。武术除重视形体之外,还讲究精、气、神,注重内外兼修、天人合一。武术应属高层次的科学,是高层次的体育。可以说武术源于中国,属于世界;武术属于体育,但高于体育。"[①] 武术作为一个独特的文化系统,诸子百家的思想、可贵的民族精神在其中起着灵魂的作用。古老而超前的先进理念直指人心,鲜活而美妙的肢体姿势、精神气质令人惊叹,印象深刻。参与其中的亲身实践有助于世人心中的涅槃实现。

　　武术文化的传播并不是技能方面的一元扩散,它还具有提升民族气质、反映民族精神、美化国民形象等多元效应。对于武术的对外传播,目前形势对我们的要求较之前更为苛刻,现在并不是"冲出亚洲、放眼世界"的问题,而是要具有站在世界高度认识世界、认识武术的大意识感,抱有使武术文化昂首挺立于世界体育文化之林的志向和责任感,要以紧迫精神,设计推广方略,实施推广步骤。当今世界,各国、各民族文化彼此竞争碰撞,相互交融激荡的格局十分明朗。这样一来,武术文化的对外传播就更显重要。因为它具有与任何体育文化相媲美的优势。无论是哪一种文化,在传入他国之后,有的可能受人欢迎,有的可能遭受排斥,但值得自豪的是,武术的所到之处,没有拒绝,只有欢迎。面对西方优势文化强有力的挑战,武术文化的独特优势着实令人肃然起敬、倾倒折服。许多国家政要对武术也是情有独钟。例如陈式太极拳师陈正雷先生曾先后三次应美国前任总统老布什的邀请去美国传授太极技巧,解释武术理念,讲述民族精神。2006年3月22日,俄罗斯总统普京专程到少林寺参观少林武术的表演。参观后,在合影留念之际,普京意犹未尽,竟出人意料地抱起一位年仅9岁的小武僧放在自己的肩膀上,此举

---

① 唐晋.论剑[M].北京:人民日报出版社,2008:32.

博得在场观众的热烈掌声和喝彩。

1983年，武术影片《少林寺》红遍了五湖四海，随即中华武术热甚至中华文化热席卷全球，至今热度有增无减。正如一个外交官所说："几十个外交官经过数十年的努力所取得的成果还不及一部电视剧。"这话本来是面对大量韩国流行剧对中国的影响而发出的叹息，但足以为中华武术的巨大力量、高深智慧、无穷魅力提供鲜活有力的证据。武术如此高明，我们有必要更进一步加深对其向外推广的重要性的认识，对它的传播，要以豪迈的自信心和博大胸怀，积极主动、稳步有序地向国外推广中华武术，让人类共同认识中华民族的伟大聪明才智，乐意接受武术教育，热衷武术实践，共享中华文化幸福资源。

关于武术走向世界的问题，国家体育职能部门早在20多年前就已经着手谋划和运营这一庞大的计划，只不过工作的中心在于竞技武术方面。2008年，武术作为一个特殊项目在北京奥运会期间被展示。这也是来之不易的成果，它所折射和释放出的作用是多元的、复合型的。它的前期工作，也为武术今后进入奥运会和对外传播打下了基础。截至目前，国际武术联合会现有成员142个，这些基本单位是中华武术在世界各地的基地，重视这些基地的培育与建设，把原来单一推进竞技武术发展的理念加以改造，使竞技武术与传统武术有机地结合起来，走竞技武术、传统武术共同和谐发展的道路，这对中华武术的外向传播、健康发展会更加有利。

武术的对外传播也是一个系统工程，同样需要从长计议，谋划未来，培养大量的专业人才。要发挥中国和世界各国优秀人才的双重积极性，有步骤地举办国际武术教练员、运动员培训班。武术要普及，教师、教练是关键，专业人才的培养一定要有针对性、具体化，强调高素质，注重民族意识，要在熟悉武术文化的基础上重视外语的交流能力，真正使这些人才能成为中华的使者、民族的形象、武术的化身。在交流过程中，既精于传技，又善于说道，把武术的精粹宣扬出去，达到美化武术、传播民族文化的真正目的。

有计划、有组织的师资培训是世界各地武术发展的重要保证。有计划地派遣国内专家到国外讲学，在国内外举行不同类型的武术竞赛、武术研讨活动等都是武术推广的重要举措。再者，编写国际武术教材，把段位制活动规范而灵活地扩展开来，利用现代网络、电视系统，举行专题讲座等，皆为武术在外生根发芽的良好办法。

我们在谈武术文化交流推广的同时，还要特别强调武术交流活动的规范

第六章　传统武术的现代化演进思考

管理。近年来，由于武术热潮在全球的不断升温，各种部门、各种层面、不同档次的国内外武术活动可谓此起彼伏，热闹异常，这是一个值得肯定的好现象。但其中也存在不好的现象，有的人打着武术的旗号，唯利是图、招摇撞骗，有的通过各种不正规渠道出国表演，由于缺乏国际交往的基本常识，水平低下，加之组织不力，导致有损武术大雅，有辱国之形象。外事无小事，武术虽为国宝，但对外传播一定要精心安排，细心筹划，讲究形象的美好、质量的高深、效果的撼人。那种粗制滥造的低级活动，非但不能起到良好的宣传效果，相反，对武术是一种玷污和亵渎。究其原因，对于武术的管理，国家应出台一个唯一性的权威管理章程，由国家职能主管部门统一管理，维护经典，打造精品，杜绝伪劣。

武术的对内普及、对外传播已成为历史的必然、时代的使命，我们对此工作要从大处着眼、细处入手，加强名牌效益的保护意识，积极谋划推广方略，力争使中华民族之花开遍世界，让世人感知中华民族的伟大智慧，提升中华民族在全球的地位和影响力。

综上所述，中华武术是华夏民族一个独特的文化系统，它由代代中华儿女及武术仁人志士共同用智慧和汗水灌溉而成。它历经沧桑，延绵不断，受世人崇尚，精妙之处就在于整个武术系统中，道德是统帅、是灵魂，技术是形式、是内容。技能健身，理念育心，这是西方任何体育项目都无法相提并论的优势。

当今中华武术的技术发展可谓喜忧参半。喜的是在武术领域具有半壁江山的太极拳普及广泛，态势良好，内在潜力巨大，未来前景看好。竞技武术是中华人民共和国成立以来，众多武术前辈历经千辛万苦，在传统武术基础上改革创新发展起来的新品种。它的模式虽然仍需完善提高，但已经具备了体育竞赛规则下新成员的基本条件。它为民族文化的对外交流起到了重要的桥梁作用。忧的是面积较大的传统武术，传承断层，萎缩严重，不少门派面临消亡之危。因此，迅速组织全国武术挖掘整理工作着实有必要。武术是中华诸子百家文化的重要载体，习练武术的过程也是接受民族传统美德的教育过程。对于武术教育功能的开发利用，不单是武术人的事，也是国家大事之一。正值盛世的中国，为武术发展创造了良好机遇。重视武术的价值，弘扬武术精神，把武术作为青少年身心健康的重要手段，让其真正走进学校体育课堂，步入全民健身活动之中，纳入全面提高国民素质教育的进程之中，国人学练国术，扬国威民风，弘扬传统美德，这具有天时、地利、人和的优势。

纵观中华历史，武术事业的繁荣与否，与两个重要因素直接相关，一是武术人和习练武术的群体素质是否优良，二是是否有助于国民素质的提高。鉴于武术的普及与推广是一项显性教育与隐性教育相统一的全民性的教育活动，因此，对待中华武术推广，政府的干预引导十分重要。不可否认，漫长的冷兵器时代里，武术是捍卫国家领土的有力助手。到了近代，武术因时而变化，成了国人强健体魄的良好手段。今日与未来，武术是文明修身的有效良方。我们要学会用历史的眼光加深对弘扬武术意义的理解，既要见其所见，更要能预其未见。我们要认真梳理、归纳、设计和实践武术的礼仪模式，把学练武术过程中的言行细节作为接受民族道德、提高人文素质、规范人生行为、升华思想理念的教育过程。武术源于中国，但我们力争使其服务国家、服务世界。武术健身、武术育人的多元功能势必将成为人类健康幸福的丰富资源。伟大的事业源于伟大的智慧与实践，我们的武术事业能伴随着中华民族的伟大复兴而复兴，成就辉煌，造福未来。

第三节 传统武术的可持续发展研究

一、传统武术可持续发展的内涵

为了与新时代的发展相适应，紧随世界潮流，我国制定了可持续发展的战略目标，以科学指导各行各业的发展。作为一种科学的发展观念，可持续发展在任何领域中都是适用的，将可持续发展这一战略思想引入，能够更好地传承与保护传统武术，使其适应国家的发展要求，在新时代里被更多人认可，获得更好的发展。因此，当前我国每个武术工作人员都要面临的一个共同问题是：如何在传统武术领域更好地运用可持续发展的策略，从而使传统武术在新时期获得长足、健康的发展。

研究传统武术的可持续发展策略，首先要明确传统武术可持续发展的概念，我们可以对其作如下界定：传统武术的可持续发展是指在当前社会阶段既要促进传统武术的发展，还要将传统武术的发展放眼于未来，从而使传统武术步入健康、稳定、持续、良性的发展轨道之中，以更好地使人类长久发展的需求得到满足。

传统武术是我国优秀的民族传统文化，也是重要的民族传统体育项目，我们研究其在未来的发展，必须采用新的发展观，这样才能使其在未来获得更好的发展。通过科学有效的策略来促进传统武术的持续健康发展是传统武术可持续发展的目标。

二、促进传统武术教学可持续发展的实现

(一) 传统武术教学可持续发展的必要性

1. 传承传统武术，弘扬民族文化

在世界文化之林中，中国传统文化历史悠久，底蕴厚重，因而始终屹立不倒。作为中华民族传统文化的典型代表和一种活的身体文化，传统武术是我国的国粹，因而在世界各国得到了广泛的传播。传统武术动作外形优美，吸引了大量的武术爱好者，不仅如此，其内在文化蕴涵深厚，因而对习练者的思想和行为具有积极的指导意义。所以，在民族文化传承中，对传统武术的传承和传播就显得非常必要且重要。在华夏文明的长期滋养中，传统武术逐渐形成与发展，并成为一种重要的人体活动方式，其文化载量博大精深，文化命脉一以贯之，将中华传统美德与民族精神充分体现了出来，是中华文化的重要构成要素。在新的历史时期，要想发展学校武术，就必须关注学校武术教育，必须将传统武术最根本的文化意蕴价值牢牢抓住，在不同阶段的学校教育中都要贯穿武术文化教育，从而使青少年体验武术，感受中华民族的优良美德，传承武术精神。

学校为学生体验武术提供了良好的学习环境，学生在这一教育环境中可以自由学习并相互交流。以高校来说，高校学生的文化素质良好，能够意识到传承与保护传统文化是自己的职责。作为传承与传播民族文化的主力军，大学生肩负着光荣且艰巨的任务。此外，高校是一个方便的交流场所，全国各地的学生甚至国外的学生聚集在此，这些都为传统武术的传承提供了良好的条件。学校武术可持续发展观念的提出更是为传统武术的传承和传播、为民族文化的弘扬提供了有效的措施。

2. 发展武术教育，增强学生体质

随着经济的不断发展，人们的物质生活水平得到了极大的提高，但同时也面临着一些问题，如学生的学习压力大、生活节奏紧张、食品安全问题严重等，这都对当代学生的体质造成了严重的影响。当前学校体育教育已将增强学生体质作为一个重要的发展目标，但因为很多的方法和手段都可以使学生达到锻炼身体的目的，所以学生在体育锻炼过程中，在选择锻炼方法时就存在着一定的盲目性。现在，人们逐渐认识到了传统武术的锻炼价值，其锻炼价值的主要优势在于具有内外兼修的特质，即不仅能够使锻炼者的身体素质得到发展，还能使锻炼者的人格和道德修养得到提升。

学校教育主要是对身心素质及知识水平全面发展的复合型人才进行培养，但是在学校教育过程中，往往忽视了对学生身心素质的培养。作为中华民族几千年的智慧结晶，传统武术不仅仅是一项单纯的格斗技击运动，其文化内涵丰富，讲究内外兼修，在锻炼人体的内脏和外部肌肉的同时，还能磨炼内在修养和提高外在气质。所以，对传统武术的学校教育价值进行开发是有重大意义的。

3. 学习武术知识，体验民族传统

作为民族传统体育的一个重要因子，传统武术的价值功能具有多元性。除了防身功能和健身价值外，作为传统文化的重要表现形式，传统武术中所包含的文化因素非常多，其能够充分体现出美学、医学、哲学等相关的学科理论。但是，随着时代的变迁，武术失去了原本赖以生存的语境。加上学校武术只是学校体育教学的一个教学内容，这一教学内容强调的是武术的健身功能，所以，很多教师与学生都忽略了武术更为丰富的功能与价值。我们需要细致品味才能理解传统武术中丰富的知识内容和文化内涵，而仅仅学习简单的武术套路是无法深入理解传统武术的。

在信息化时代，传统文化内涵的重要性已经被很多学生忽视了，甚至有些学生只知道中华民族有五千年的发展历史，对其发展脉络却不了解。通过不断学习武术，仔细品味，我们才能够了解武术承载的丰富文化内涵。因此，学校武术教学的可持续发展就是要学生在学习武术、增强体质的同时，尽可能多地去学习武术知识，体验传统文化的魅力。

4. 开展武术教学，丰富教育内容

学校教育模式正在不断创新，其强调横向上的广度和纵向上的深度，强调全面教育。当前学校教育中，学生除了要完成明确的学习任务，达成预期的学习目标外，还要发展自己的兴趣爱好及特长，而学校也提供了一定的资源（人力、物力、财力以及时间）来促进学生兴趣爱好与特长的全面发展。前面已说过，武术具有丰富的价值功能，我们最先想到的是其健身、防身的功能，除此之外，我们还需要进一步开发其更为丰富的价值功能。武术教育不仅能够促进学生体质的增强，还能够对学生吃苦耐劳的精神、坚强的意志品质以及健全的人格进行培养。传统武术教学的可持续发展是促进学生全面发展的需要，也是丰富体育教育内容的需要。

因此，我们不仅要重视武术的健身价值与功能，还要关注其丰富的教化功能。当今社会，由于许多学生家庭条件良好，生活安逸，因此吃苦耐劳的精神和持之以恒的毅力较为缺乏。而且当今时代社会面临着"三信缺失"——信仰缺失、诚信缺失与自信缺失的危机。传统武术中蕴含的丰富文化精神是祖祖辈辈总结与传承下来的"正能量",而这也正是当代学生缺乏且急需的正能量。学校在体育教育中融入武术教育,不但能够促进体育教学内容的丰富,还能对学生的精神品质进行更好的培养。

(二)传统武术教学可持续发展的策略

为顺应时代的发展,适应社会需求,教育界提出了可持续发展的教育理念,其同时也是一种重要的教学模式。这一模式以人的发展为核心,认为人是可持续发展的基础和出发点,同时也是可持续发展的最终归宿,强调人要可持续性地自我更新、自我超越和自我发展。在教育领域贯彻可持续发展战略思想可以对环境的可持续发展、生态系统的可持续发展进行借鉴。教育同样有其自身的生态系统。教育生态系统具有多元复杂性,其主要包含三方面的内容,具体见表6-1。

表6-1 教育生态系统的结构内容

结构内容	解释
教育外部环境	以教育为中心,由规范环境、自然环境、社会环境等外部环境组成
学校教育系统	以某一教育层次或类型(如学校)为中心,由整个教育系统组成
个体外部环境	以个体发展为中心,由外部环境(包括教育在内)组成

想要促进教育生态系统的可持续发展,就要同时从其内部环境和外部环境入手,学校传统武术教育的可持续发展同样如此。针对我国学校武术教学的发展现状,我们提出了传统武术教学的可持续发展策略。

1. 树立可持续发展观念,对传统武术与竞技武术的关系进行正确的处理

在学校传统武术教学中贯彻可持续发展的理念,并不只是利用学校这一平台来传承与延续传统武术事业,更重要的是要通过学校教育的力量使武术这一优秀的文化产物在历史的长河中得到长期的延续。所以,在传统武术教学中树立可持续发展观念,并非只针对学校的传统武术教育,更要从整个传统武术事业的角度来考虑其传承与可持续发展。因此,这必然会将传统武术与竞技武术的关系问题牵扯进来,这也是武术行业中一直探讨的一个问题。

在中华武术的大家族中,传统武术与竞技武术都是其中的主要成员,有人对传统武术和竞技武术谁是"武术"的问题展开了激烈的争论,其实,不

管是哪一类武术，它们都有其赖以生存的语境，也就是它们都是为了满足一定的社会需要而形成的。在冷兵器时代，人们要徒手搏斗，要外出狩猎，也要上战场打仗，传统武术就是在这些条件下逐渐出现的，防身自卫、技击杀敌是古代传统武术的主要价值功能，后来，娱乐观赏、健身养生等附加的价值功能也在传统武术中有了明显的反映。近代，奥林匹克文化传入我国，在这一背景下，为了满足竞技体育发展的需求，竞技武术这一新的武术形式逐渐出现，竞赛观赏是其主要的价值功能表现。竞技武术比赛具有明确的评分标准，而且其观赏价值很高。

传统武术与竞技武术都属于武术的范畴，都是中华武术的重要组成部分，所以，在推动传统武术教学可持续发展的过程中，要对传统武术与竞技武术的关系有一个明确的认识。传统武术与竞技武术是手足兄弟，在学校传统武术教学中，首先要使学生了解何为传统武术，何为竞技武术，并使其对二者的关系有正确的认识，在此基础上，再以学生的身体条件和个人爱好为依据，对传统武术的教学内容进行选择，而且可以适当地穿插一些竞技武术的教学，这样不仅对传统武术的保护与传承有利，而且对竞技武术的发展也有积极的意义，同时也能够促进学生学习积极性的提高。

2. 更新传统教育观念，将学校武术教育的可持续发展重视起来

推动传统武术教学的可持续发展需要及时更新教学观念，改变传统教学观念。在传统的武术教学中，不管是教学观念，还是教学内容与教学形式，都存在着明显的问题。传统武术进入学校的时间比较短，学校传统武术教育还未成熟。在传统的武术教育理念中，一直将武术当作是与其他运动项目无异的、具有强身健体功能的体育项目，认为进行武术教育的目的就是促进学生体质的增强和学习生活内容的丰富，而没有真正地探索武术的其他价值功能。因此说传统的武术教育理念较为片面。

促进传统武术教学的可持续发展，必须对传统的教育理念进行改变，有机结合身体教育和思想教育，将素质教育的理念重视起来，对学生兴趣的开发和培养给予关注，不仅要对教学大纲规定的内容进行传授，还要面向学生展开主题性理念的教育。此外，还要重视对学生创新意识的培养，虽然传统武术运动属于传统运动项目，但在不同的历史时期，其彰显的功能与价值也是不同的。随着时代的转变，学生对武术学习的需要也会发生变化，因此学校要努力开发新的功能价值，树立创新教育理念，促进学生创造性思维的发展。总之，我们要从根本上着手来推动传统武术教育的可持续发展，及时转

变传统的教育理念。只有在正确、科学的教育理念的指导下,传统武术教学的可持续发展才能成为现实。

3. 培养优秀的教师资源,使武术教育的可持续发展有所保障

在传统武术教学的发展中,教师群体作为重要的教学资源,其所发挥的作用极其关键。现在,学校中武术教师的教学能力与专业素养良莠不齐,这对传统武术教育活动的可持续发展非常不利。因此,要想顺利推动传统武术教育的可持续发展,就必须对高素质和高水平的武术教师进行培养,促进武术教师队伍数量的增加和质量的优化。加强对优秀教师资源的培养不仅仅是为了满足武术教育可持续发展的需要,也是为了满足武术事业发展的需要,这主要是因为作为重要的社会力量,教师队伍的强大必然会促进武术事业的发展。

掌握必要的武术技能是传统武术授课教师需要具备的基本条件,除此之外,武术教师还必须具有良好的文化素养和专业修养,并具备一定的科学研究能力。传统武术是一种常见的运动形式,但不单单是一种简单的运动形式,其文化内涵丰富,我们要不断地研究其内涵,继承其精神,如果学校只是简单地传授武术理论知识和动作方法,那么传统武术教学的可持续发展就无从谈起。武术教师只有具备了全面的基础与条件之后,才能更好地开展武术教学工作,才能对武术文化进行传播,也才能使传统武术教育的可持续发展成为可能。我们都很熟悉"名师出高徒"这句古训,传统武术教学也是如此,武术教学中,需要教师言传身教,教师要与学生进行语言沟通,更要示范动作技能,并纠正学生的错误动作,只有这样,才能取得良好的教学效果。因此,优化传统武术教师队伍是实现传统武术教学可持续发展的重要保障。

4. 加强传统武术文化教育,对学生的民族传统文化素养进行培养

文化的传承能够促进民族的长久不衰。作为一项运动项目,武术汇集了中华民族先贤们的宝贵智慧,我们将这些智慧称为传统武术文化。众所周知,传统武术文化内涵丰富,在传承传统武术的过程中要将运动形式和丰富的文化内涵一起传承下去是比较困难的,但这又是十分必要的。所以,在传统武术教学的可持续发展中,要将武术文化的教育注重起来,重点培养学生的民族传统文化素养。

经过几千年的发展,传统武术积淀了深厚的文化底蕴,历代武术人发挥了自己的劳力和智力,创造了传统武术这一民族精华。传统武术文化中包含

的文化类型比较丰富，传统哲学、伦理学、美学、医学、导引养生等文化都能够在传统武术中体现出来。因此学生在武术学习过程中，不仅可以通过学习武术技术来达到强身健体、防身自卫的目的，而且能够通过接受武术文化教育，提高自身的文化修养。

　　传统武术文化的教育与传承在武术教育的可持续发展中是非常关键的一环。作为中华民族的宝贵财富，传统武术蕴含着优秀的民族传统文化，这也是其能够吸引大量人群参与进来的主要原因，如果传统武术不具备丰富的文化内涵，其也就失去了魅力，失去了吸引人的"资本"。因此，学校在开展武术教育的过程中，要重视传承传统武术文化，在学生学习武术知识与技能、增强体质的基础上，对其进行武术文化教育，这是传统武术教学可持续发展的必然要求。

参考文献

[1] 杨祥全. 中华武术思想史［M］. 太原：山西科学技术出版社，2017.

[2] 蔡龙云. 武术运动基本训练［M］. 北京：外文出版社，2013.

[3] 邱丕相. 武术初阶［M］. 上海：上海教育出版社，2012.

[4] 申国卿. 中华武术百年转型历程研究（1900—2012）［M］. 北京：科学出版社，2018.

[5] 蔡宝忠. 武术与文化［M］. 太原：山西科学技术出版社，2015.

[6] 左文泉. 武术［M］. 北京：北京师范大学出版社，2011.

[7] 李德祥. 中华武术［M］. 上海：上海交通大学出版社，2006.

[8] 李永刚. 高校武术课程分析与教学创新研究［M］. 北京：中国纺织出版社，2016.

[9] 袁新国. 中国传统武术的健身理论与项目实践探究［M］. 北京：中国纺织出版社，2018.

[10] 姚淦铭. 哲思众妙门：《老子》今读［M］. 天津：百花文艺出版社，2001.

[11] 詹世友. 道德教化与经济时代［M］. 南昌：江西人民出版社，2002.

[12] 陈雁飞. 中国学校武术教育［M］. 北京：北京出版社，2005.

[13] 沐欣之. 中华美德书［M］. 北京：中国言实出版社，2006.

[14] 葛兆光. 中国思想史（第二卷）［M］. 上海：复旦大学出版社，2000.

[15] 马明达. 说剑丛稿［M］. 兰州：兰州大学出版社，2000.

[16] 张岱年，方克立. 中国文化概论［M］. 北京：北京师范大学出版社，2004.

[17] 温力. 中华武术概论［M］. 北京：人民体育出版社，2005.

[18] 张奎志. 文化的审美视野［M］. 北京：社会科学文献出版

社，2005.

[19] 旷文楠. 中华武术文化概论 [M]. 成都：四川教育出版社，1990.

[20] 于志均. 中华武术与传统文化 [M]. 北京：北京体育学院出版社，1990.

[21] 成复旺. 中国古代人学与美学 [M]. 北京：中国人民大学出版社，1992.

[22] 邵汉明. 中国文化研究20年 [M]. 北京：人民出版社，2003.

[23] 张志勇. 中华武术思想概论 [M]. 开封：河南大学出版社，1998.

[24] 乔凤杰. 中华武术与传统文化 [M]. 北京：社会科学文献出版社，2006.

[25] 程大力. 中华武术——历史与文化 [M]. 成都：四川大学出版社，1995.

[26] 江百龙. 武术理论基础 [M]. 北京：人民体育出版社，1995.

[27] 张岱年，程宜山. 中国文化与文化论争 [M]. 北京：中国人民大学出版社，1990.

[28] 国家体委武术研究院. 中华武术史 [M]. 北京：人民体育出版社，1997.

[29] 蔡仲林，周之华. 武术 [M]. 北京：高等教育出版社，2005.

[30] 王长青. 少林武术精华 [M]. 北京：人民体育出版社，2000.

[31] 万籁声. 武术汇宗（中篇）[M]. 北京：中国书店，1984.

[32] 郭玉成. 武术传播引论 [M]. 北京：北京体育大学出版社，2006.

[33] 许宗祥. 武术高等教育发展研究 [M]. 广州：广东教育出版社，2006.

[34] 王继全. 高校传统武术教学的发展与实践研究 [M]. 北京：中国纺织出版社，2018.

[35] 马睿. 传统武术科学教学与多元化发展研究 [M]. 北京：中国水利水电出版社，2017.

[36] 曹志清. 形意拳理论研究 [M]. 北京：人民体育出版社，1997.

[37] 张义敬. 太极拳理传真 [M]. 重庆：重庆出版社，2004.

[38] 唐豪，顾留馨. 太极拳研究 [M]. 北京：人民体育出版社，1996.

[39] 徐复观. 中国艺术精神 [M]. 沈阳：春风文艺出版社，1997.